ZEITTHEMEN

dietz berlin

Herausgegeben und kommentiert
von Dietmar Keller
und Matthias Kirchner

Biermann und kein Ende

Eine Dokumentation
zur DDR-Kulturpolitik

Dietz Verlag Berlin

Biermann und kein Ende : eine Dokumentation
zur DDR-Kulturpolitik /
hrsg. von Dietmar Keller und Matthias Kirchner. –
Berlin : Dietz Verl. GmbH, 1991. – 199 S. : 22 Faksimiles

ISBN 3-320-01766-7

22 Faksimiles

Reihenentwurf: Gerhard Medoch
Umschlag: Michaela Barthel
Unter Verwendung eines Fotos von ADN/Grimm
Printed in Germany
Gesamtherstellung: Graphischer Großbetrieb Pößneck GmbH
Ein Mohndruck-Betrieb

Vorwort

Vor 15 Jahren, im November 1976, entschieden offensichtlich Erich Honecker und Erich Mielke im Alleingang die Ausbürgerung des Liedermachers und Sängers Wolf Biermann aus der DDR nach dessen Konzert in Köln. Mit den mahnenden und warnenden Worten »Ausbürgern darf sich nicht einbürgern« entstand daraufhin die wohl bedeutendste Protestbewegung der künstlerischen Intelligenz in der Geschichte der DDR gegen die politische Zensur von Literatur und Kunst. Sie spaltete Künstler und Kulturschaffende, politisch interessierte Bürger aus allen Schichten der Bevölkerung in zwei unterschiedliche Lager – vor allem aus der künstlerischen und wissenschaftlichen Intelligenz sprachen sich viele für oder gegen den politischen Willkürakt aus, zerrieben sich an Meinungsverschiedenheiten zur Form des Protestes, wurden so oder so in die politischen Auseinandersetzungen um Grundfragen der Entwicklung in beiden deutschen Staaten hineingezogen. Freundschaften zerbrachen, Mißtrauen gewann an Boden.

Mit dem Aufbruch des Herbstes 1989 stand als eine der ersten Fragen auch die Wiedereinreise von Wolf Biermann in die DDR auf dem »Wende«-Kalender. Und wieder spalteten sich Befürworter und Gegner. Viele sahen in der Erlaubnis zur Wiedereinreise, in der offiziellen Einladung des Ministers für Kultur zum Gespräch ein Zeichen der Wiedergutmachung, ein Signal für die Ernsthaftigkeit der Korrektur der Kulturpolitik des Ministeriums. Andere warnten vor der allzuschnellen Einladung, vor dem Mißbrauch dieser Geste. Andere drohten gar mit Protest und Parteiaustritt.

Worin besteht eigentlich das umstrittene Phänomen Wolf Biermann? Für die einen ist er ein bedeutender Lyriker, Symbolfigur für Widerstand, Ausdruck des Kampfes für Freiheit der Literatur und Kunst, produktiver Andersdenkender, ein deutscher Villon. Für andere steht er als ein unbequemer Zeitgenosse, ein unleidlicher Rebell, der prinzipiell alles gegen den Strich bürstet. Anarchist oder Straßenpoet – oder gar alles in einer Person?

Das Anliegen des Buches ist ein Beitrag zur Aufarbeitung der Geschichte der DDR. Obwohl der Fakt der Ausbürgerung erst 15 Jahre zurückliegt, scheint vieles wie aus längst vergangenen Zeiten: Die einen haben vergessen, andere machen ihre subjektive Erinnerung zur objektiven Geschichte, jene möchten nicht gern daran erinnert werden, andere brüsten sich ihres heldenhaften Widerstandes. Das Buch wird über weite Passagen vor allem Dokumente sprechen lassen, mit Zurückhaltung interpretiert durch die Herausgeber. Der Fall »Biermann« war »Chefsache«, so fehlen über weite Strecken archivarische Quellen. Nur er selbst wird, wenn er will, Zugang zu seinen Akten bei der »Gauck«-Behörde bekommen.

Das letzte Wort darf nicht schon wieder gesprochen werden. Das Buch versteht sich als ein Diskussionsbeitrag, Wolf Biermann und andere werden manches anders sehen und andere Dokumente zur Diskussion vorlegen, die Herausgeber freuen sich darauf.

Juli 1991

I. Prolog
Ein unbequemer Kopf

Biermann über sich: »Ich hatte nun mal das schwarze Glück, daß mein Vater in Auschwitz starb und nicht in Stalingrad. Meine Kindheitsmuster sind anders, ich hatte nichts wieder gut zu machen. Und ich mußte den neuen Machthabern gar nichts beweisen. Ich sprach im anmaßenden Ton des rechtmäßigen politischen Erben. Und das war auch der Grund, warum ich in meinen Liedern nicht in Sklavensprache sprach ... Ich kämpfte naiv ohne Visier, und ich redete immer, auch in Reimen, Klartext. Die Folgen blieben nicht aus.« (»Die Zeit«, Nr. 35/1990) Und an anderer Stelle: »Als ich 1965 verboten wurde, orakelten etliche Eunuchen, das Verbot würde mich impotent machen. Als ich dann 1976 aus dem DDR-Boden ausgerissen wurde, prophezeiten allerhand Schrebergärtner, die mich offenbar für einen Strauch halten, vom Biermann würden rote Johannisbeeren nun nimmermehr zu ernten sein.

Inzwischen ist die DDR krepiert und wird ohne Pomp beerdigt. Prompt sorgen sich Leute, die nie was zustande brachten, ich würde nun nichts mehr zustande bringen. Meine Fresse, diese Angst hatte ich von Anfang an selber. Die Musen kann man eben nicht zwingen. Wenn dieser großdeutsche Kuddelmuddel vorüber ist, zählen sowieso nur unsere Romane, Stücke, Gedichte und Lieder. Das ist mir Trost und Stachel genug.« (ebenda)

Besser und kürzer ist er wohl kaum zu beschreiben. Er kommt aus einfachen Verhältnissen, geboren in Hamburg, der Vater war Hafenarbeiter – im KZ umgekommen – und die Mutter Sozialarbeiterin, als 17jähriger geht er 1953 in die DDR (erinnert sei an Rudi Dutschke, der die deutsch-deutsche Grenze in umgekehrter Richtung überquerte), nimmt 1955 ein Studium für Philosophie und für Mathematik an der Humboldt-Universität in Berlin auf, wird 1957 Regieassistent am Berliner Ensemble, setzt bis 1964 sein Studium der Philosophie an der Humboldt-Universität fort, er ist und bleibt für jedermann ein unbequemer Kopf, fühlt sich in der Tradition jener Sozialisten, für die ein Sozialismus ohne Demokratie, Freiheit und Humanität kein Sozialismus ist. Deshalb hat er Freunde und zunehmend Feinde. Seine Wahrheiten wirken wie mit dem Vorschlaghammer geschlagen, seine Aussagen sind Statements, fragend, eine Antwort suchend, ätzend, scharf, bitter, zornig. Für Gefälligkeiten ist er nicht auf der Welt, der Umgang mit ihm regelt sich nicht mit Plattitüden und netten Komplimenten, er ist ein bissiger und harter Knochen, dessen Wortwahl und Sprache manchem Zeitgenossen Schüttelfrosteinlagen verursachen.

Deshalb hat er in der DDR keine Chancen, seine Sprüche und Lieder werden als »Gotteslästerung« empfunden, kratzen sie doch an den Grundfesten des Staates und der Allmacht der Politbürokratie. Noch ehe er überhaupt eine Chance bekam, war er in Wirklichkeit chancenlos. Er wurde zum Fall, kontrolliert und beobachtet. Selbst die Fürsprache Unbeteiligter konnte ihm nicht helfen. Fürsprache machte nur noch verdächtiger.

Der DEFA-Regisseur Frank Beyer schrieb Ende des Jahres 1963 an den damaligen Leiter der Abteilung Kultur des ZK der SED, Siegfried Wagner:

Frank Beyer 29. 12. 63
Kleinmachnow bei Berlin
Am Kiebitzberg 10

Lieber Siegfried,
durch Zufall bekam ich vor ein paar Tagen ein Tonband in die Hand, auf dem 60 Lieder von Wolf Biermann aufgezeichnet sind. Ich hatte zwar schon vor einiger Zeit ein paar Sachen von Biermann kennengelernt, habe aber mit diesem Band zum ersten Mal einen umfassenden Einblick in seine Arbeiten bekommen. Wenn ich alles in allem nehme, glaube ich, daß Biermann einer unserer begabtesten Lyriker ist, vielleicht ist er sogar das größte Talent, das wir überhaupt haben. Alle diese Lieder sind fern von jedem Zynismus, fern von allen intellektuellen Spielereien, sie haben nichts gemein mit westlicher Dekadenz. Sie sind zum großen Teil ganz einfach, volksliedhaft mit herrlichen dichterischen Bildern durchsetzt und spiegeln für mein Gefühl sehr genau die Pro-

bleme der jungen Generation wider. Ich habe seit Kriegsende nichts auf diesem Gebiet gelesen oder gehört, was mich so tief beeindruckt hätte – wenn ich natürlich absehe von unseren großen Dichtern wie Brecht oder Becher, die schon vorher berühmt waren. Ich habe gehört, daß es seinerzeit Streit um oder mit Biermann gegeben hat und daß er aus der Partei ausgeschlossen wurde. Ich weiß nicht genau, ob das stimmt. Ich glaube, daß wir alles tun müßten, um Biermanns Verhältnis zur Partei in Ordnung zu bringen, denn alle diese Lieder (oder fast alle!) gehören nach meiner Meinung ins Fernsehen, in den Funk und auf Schallplatten. Außerdem müßte man Abende veranstalten. Ich habe an diesen Dingen keinerlei persönliche Interessen, ich kenne Biermann selber auch gar nicht. Ich sehe nur, daß hier auf dem Gebiet der Dichtung etwas gewachsen ist und glaube, daß wir alle dem nicht genügend Aufmerksamkeit schenken. Ich sagte, daß ich dieses Tonband per Zufall bekommen habe. Wahrscheinlich ist es privat bei Biermann zuhause von ein paar Freunden aufgenommen worden. Genauso, wie ich es bekommen habe, werden es auch andere kennen und vielleicht werden auch Leute aufmerksam, die uns nicht wohlgesinnt sind. Und ich finde, das dümmste – was uns passieren könnte, wäre, daß diese Sachen plötzlich drüben erscheinen. Wenn sie noch mit einem entsprechenden Kommentar versehen würden: Hier ist ein Dichter, der im Osten unterdrückt wird – dann wäre das ganz schlecht. Denn diese Lieder gehören u n s, sind aus unserem Lebensgefühl heraus gemacht. Natürlich sind einige dabei, die man sich kritisch ansehen muß, ein paar sind politisch nicht zu akzeptieren, aber das sind nur einige wenige in der großen Masse. Wenn ich die Konferenz im März richtig verstanden habe, distanzieren wir uns von bestimmten Dingen und lassen uns dadurch nicht hindern, anderes, was wir für gut halten, kräftig zu fördern. So sollte man auch verfahren, wenn es sich um die Arbeiten e i n e s Mannes handelt. Mir scheint allerdings, daß in der kulturpolitischen Praxis die Dinge etwas anders aussehen, daß sich um kritische Leute so eine Art tabu bildet. Das ist sicher von Euch aus gar nicht beabsichtigt. Aber Tatsache ist, daß z. B. Stahnke immer noch herumläuft und keinen Film macht. Er hatte ein gutes Projekt, die »Jünger Jesu« von Frank, man hat es ihm meines Wissens mit einer fadenscheinigen Begründung weggenommen.

Ich nehme an, daß du die von mir genannten Lieder von Biermann zum großen Teil nicht kennst. Ich würde Dir gern das Band vorspielen (besser ist es, die Sachen zu hören als zu lesen) und mich mit Dir einmal über die Sachen unterhalten. Sicher ist Biermann damals zu Recht kritisiert worden. Man muß vielleicht auch etwas unternehmen, daß er sein Verhältnis zur Partei in Ordnung bringt. Ich werde jedenfalls in nächster Zeit seine Bekanntschaft suchen.

Wenn Dir die Sache wertvoll ist, dann gib mir bitte eine Nachricht. Ich bin ab 15. Januar wieder in Babelsberg.

Ich wünsche Dir ein glückliches und erfolgreiches Neues Jahr und verbleibe mit besten Grüßen

Dein Frank Beyer

Wolf Biermann wurde zum Staatsfall. Hatte er Auftritte, gab es darüber Informationen bis in die Chefetage des Zentralkomitees der SED. Die Konsequenzen waren Aussprachen, Mahnungen und Verwarnungen, Auftritts- und Berufsbeschränkungen. Mitte der sechziger Jahre deutete sich an, daß eine politische Entscheidung heranreifte. Mit den Namen Biermann, Havemann und Heym verbanden sich immer mehr kritische Opposition, künstlerischer Widerspruch und Fürsprache für eine bessere DDR.

SED
HAUSMITTEILUNG

AN	VON ABTEILUNG	DIKTATZEICHEN	DATUM	ERLEDIGUNGSVERMERK
Genossen W. Ulbricht	Kurt Hager	Schr/Ku.	9.4.64	

Einverstanden.
W. Ulbricht
28.5.64

Werter Genosse Ulbricht!

In der Anlage übersende ich Dir 2 Informationen über eine Veranstaltung im Haus der Tschechoslowakischen Kultur, in der vor allem Wolf B i e r m a n n mit Liedern auftrat, die gegen die Politik unserer Partei gerichtet waren.

Wir haben veranlaßt, daß mit Biermann durch die Ideologische Kommission der Bezirksleitung Berlin und den Sekretär des Deutschen Schriftstellerverbandes, Genossen Koch, eine Aussprache durchgeführt wird, daß ein weiteres Auftreten von ihm mit solchen Liedern und Gedichten nicht mehr geduldet wird. Dabei wird ihm auch mitgeteilt, daß wir selbstverständlich nichts einzuwenden haben, wenn er Gedichte und Lieder vorträgt, die in Ordnung sind.

Mit sozialistischem Gruß

K. Hager

/Kurt Hager/

Anlagen

Ag 220/62 5 2436 X. 62

Abschrift

von: Institut für Gesellschaftswissenschaften, Berlin W 8, Taubenstraße 19 – Lothar Dreßler/Hermann Kähler, den 7. 4. 1964

Bericht
über den 4. Text-Appeal im Haus der tschechoslowakischen Kultur, Berlin

Am Montag, dem 6. 4. 1964, fand im Haus der Tschechoslowakischen Kultur der 4. Text-Appeal statt. Der Besuch dieser Veranstaltung war dieses Mal außerordentlich stark, der kleine Saal restlos überfüllt.

Zuerst trat das Theater SEMAFOR aus Prag mit einer Reihe von Gesangsnummern auf.

Sodann stellte sich der Lyriker Wolf Biermann vor das Mikrofon und bestritt den Rest des Abends mit seinen Gesängen. Die meisten dieser Lieder hatte er bereits auf den vorherigen Text-Appeal von sich gegeben, so die Lieder gegen die Soldaten, gegen die »Mauer« (Die Ballade von Francois Villon) und andere.

Am profiliertesten trat seine Haltung in zwei Gesängen zutage, die wir vorher noch nicht gehört hatten. In beiden griff Biermann persönlich, mit Namensnennung, Koplowitz, Kahlau, Wiens, Kurella, Bredel, Hermlin an als Leute, die sich gern das Rückgrat brechen lassen, wie die Löwen brüllen und wie das Hundevieh lecken. In beiden Liedern verspottete er Künstler, weil sie nicht offen gegen die Linie der Partei frondieren.

Wir saßen an einem Tisch mit Mitarbeitern der tschechoslowakischen Botschaft. Ohne zu wissen, woher wir kamen, sagten sie uns, daß sie mit dem Auftreten Biermanns nicht einverstanden wären, daß Biermann die Toleranz des Hauses ausnutze. Sie hätten mit den Text-Appeals gemeinsame Abende deutscher und tschechoslowakischer Künstler vorgehabt und sind nicht einverstanden damit, daß Biermann in der Hauptsache diese Veranstaltung bestreitet. Er schade dem Ruf des Hauses und die Lieder nutzen niemandem.

Der Beifall für Biermanns Gesänge war dieses Mal nicht so einheitlich wie sonst. Vor allem fiel auf, daß, als die Lieder immer gehässiger wurden, viele von den tschechoslowakischen Besuchern vorzeitig die Veranstaltung verließen.

Wir schätzen ein, daß die Situation reif ist, der Tschechoslowakischen Botschaft vorzuschlagen, dieses Treiben Biermanns zu unterbinden. Die Ablehnung, die Biermann gerade auch von dieser Seite her entgegengebracht wurde, war offensichtlich.

gez. Kähler

Verteiler: Gen. Siegfried Wagner
Gen. Roland Bauer
Gen. Ernst Hoffmann

50 Streng vertraulich

104 i v. 10.8.64

Berlin, den 24.7.1964

Sofort für Gen. Hager abschreiben.

A K T E N N O T I Z

Abschrift am 11.8.64 an Gen. Hager gegeben

erl. 12.8.64

Am 23. Juli 1964 fand eine Aussprache zwischen dem Genossen Stadtrat Hoffmann und Herrn Wolf B i e r m a n n im Beisein des Genossen Petzold statt. Anlaß dazu war das Verhalten von Wolf Biermann während seines Auftritts in der "MÖWE" am 9.6.1964. Ziel: Ihm begreiflich zu machen, daß Verunglimpfungen unserer leitenden Funktionäre und unseres Staates nicht stillschweigend hingenommen werden.

Ausgangspunkt des Gesprächs, das sehr sachlich und konsequent geführt wurde, war die Frage nach den weiteren beruflichen Plänen nach Ablauf des Gastvertrages mit der "Distel".
Demnach wird Herr Biermann eine Aspirantur bei dem Philosophischen Institut der Humboldt-Universität angeboten und daneben wird er freiberuflich weiter Gedichte, Lieder und Balladen schreiben.
In diesem Zusammenhang teilte er auch mit, daß ein Angebot des Rowolth-Verlages Hamburg und des Westdeutschen Rundfunks besteht, seine gesamten Lieder und Gedichte herauszubringen. Er habe bereits 150 Gedichte geschrieben. Er habe aber seine Zustimmung verweigert. Solange er jedoch in der DDR keine Möglichkeit erhält seine Lieder zu publizieren, wird er die Gelegenheit nutzen, die ihm das sozialistische Ausland bietet. Zur Zeit laufen z.B. in der CSSR bei Suprafon Platten- und Rundfunkaufnahmen und in der UdSSR wird durch Jewtuschenko der Druck eines Sammelbandes seiner Lieder und Balladen vorbereitet.

Herr Biermann hat den festen Wunsch, wieder in die Partei aufgenommen zu werden. Er will damit jeden Verdacht entkräften, er sei ein verspäteter Anarchist, der keinen festen Standpunkt habe. Er erkannte die Vorhaltungen des Genossen Hoffmann als berechtigt an. Es hat auch den Anschein, daß es ihm diesmal sogar ernst damit ist.

(Ernst Hoffmann)

gez.
(Petzold)

Verteiler: Gen. Siegfried Wagner
Gen. Roland Bauer
Gen. Ernst Hoffmann

1042 v. 10.8.64

Gedächtnisprotokoll

Am Freitag, den 7. August 1964, 15.oo Uhr, erschien Professor Robert H a v e m a n n bei Genossen Hoffmann. Die Einladung war telefonisch von Genossen Hoffmann vereinbart worden und Robert Havemann stimmte ihr sofort zu.

An der Unterhaltung nahm Genosse Horst Weiss, stellvertretender Abteilungsleiter der Abteilung Kultur des Magistrats von Groß-Berlin teil.

Ausgangspunkt des Gespräches war die sogenannte Jour-Fix-Veranstaltung am 9. Juni 1964 in der "MÖWE" und das Auftreten Wolf Biermanns sowie sich die daran anschließende Diskussion. Da schon bereits am 23. Juni 1964 die Aussprache mit Wolf Biermann im Beisein des Genossen Petzold stattfand und Robert Havemann an der Tätigkeit des Wolf Biermann sehr interessiert ist, war die Überleitung zu den anderen Fragen gegeben.

Wie es sich in dem Gespräch herausstellte, war Robert Havemann von dem Gespräch, welches mit Wolf Biermann geführt wurde, genau von Wolf Biermann informiert worden. Robert Havemann betonte seinen Standpunkt noch einmal, Wolf Biermann die Gelegenheit zu geben seine künstlerischen Potenzen wirksamer als bisher zum Ausdruck zu bringen.

Der Abschluß dieses Punktes war dadurch möglich, daß wir erklärten, daß diese Fragen gelöst werden und wir einen Weg finden würden Wolf Biermann in seiner Entwicklung zu helfen. Wolf Biermann wurde, wie bekannt, darauf hingewiesen, daß Verunglimpfungen von Funktionären unserer Partei und unseres Staates in Zukunft nicht stillschweigend hingenommen werden.

Robert Havemann wurde im Verlaufe des Gesprächs darauf hingewiesen, daß Biermann nicht unterdrückt wird, wir aber Ausfälle gegen die Politik unserer Partei nicht zulassen werden.

Robert Havemann wurde erklärt, daß seine Linie der Forderung nach"absoluter Freiheit" darauf hinausläuft, in der Konsequenz die Schröder-Mende-Linie zu vertreten, die eine Politik des Umarmens der DDR von Hinten und ideologische Diversion gegen uns mit allen Mitteln betreiben. Havemann erklärte, daß er das auf keinen Fall will und er auch alle Versuche, ihn in die Renegatenlinie von Heinz Brandt einzubeziehen, ablehnt. Er bezeichnete Brandt als Sektierer und Renegaten, dessen Handlungsweise er in keiner Weise billigt. Er versucht einige wie er sagte Unrichtigkeiten in den in der Westpresse erschienenen Artikeln zu widerlegen. Besonders ging er auf den Artikel "Die Zeit", Nr. 25, vom 19.6.1964, Seite 3, ein.

Robert Havemann erklärte weiterhin, er sei nach wie vor mit seinem Ausschluß aus der Partei nicht einverstanden, da er ungerecht sei und ihn niemand aus der kommunistischen Bewegung ausschließen könnte als er selbst, was er aber nie tun würde.

- 2 -

In Bezug auf die Angriffe gegen die Kulturpolitik unserer Partei und Regierung, die in seinen Ausführungen in der "MÖWE" offensichtlich waren, erklärte er, daß er zu der Frage Biermann jederzeit das gleiche wiederholen würde was er in der "MÖWE" gesagt hat.

Er führte in dem Gespräch, das 55 Minuten dauerte und in einer sachlichen Atmosphäre durchgeführt wurde, Fragen an, wie zum Beispiel: wachsende Schwierigkeiten in seiner wissenschaftlichen Arbeit in der Akademie, wonach ihm angeblich - er hätte dies von dritter Seite erfahren - durch den Präsidenten der Akademie vor Monaten schon die Kündigung ausgesprochen werden sollte.
Er führte konkret den Namen Kurt Hager an, der nach seiner Kenntnis einen derartigen Schritt vom Präsidenten der Akademie verlangt haben soll.

Im übrigen steht er nach wie vor zu der Tatsache, daß seine "philosophischen Vorlesungen" im Rowolth-Verlag Hamburg veröffentlicht werden. Dieser Schritt wurde von uns selbstverständlich verurteilt, jedoch er betonte noch einmal, daß er zu diesem Schritt steht, da sonst nichts von ihm bei uns veröffentlicht werden würde.

Robert Havemann behauptete, daß er von vielen Personen, die er nicht näher charakterisierte, informiert wird über Vorgänge die seine Person betreffen und die ihm unaufgefordert entsprechende Mitteilungen machen. Er begründete diese angebliche Tatsache damit, daß er so viel Freunde hätte, weil seine Auffassungen richtig wären.

Das Gespräch wurde vom Genossen Hoffmann damit abgeschlossen, daß Robert Havemann jederzeit die Gelegenheit hätte Fragen, die ihn als Bürger der Hauptstadt der Deutschen Demokratischen Republik bewegen, mit dem Stadtrat Hoffmann zu besprechen. Er sagte zu davon Gebrauch zu machen.

Hoffmann — Horst Weiss

- Ernst Hoffmann - — - Horst Weiss -

50

527 v. 23.3.65 Ros

DEUTSCHER KULTURBUND

Bezirkssekretariat Berlin

18. März 1965

Genossen

R o s s o w
Abteilung Kultur
beim ZK der SED

B e r l i n W 8

Kurstraße

Lieber Genosse R o s s o w !

Entsprechend Deiner telefonischen Absprache mit dem Genossen Pittelkau übersende ich Dir in der Anlage den Bericht über die Biermann-Veranstaltung im CdK am 10.2.65.

Dieser Bericht wurde in Form einer Sekretariatsvorlage am 8.3.65 behandelt und bestätigt.

Mit sozialistischem Gruß

(Bernd Lohaus)
Bundessekretär und
1.Bezirkssekretär

Anlage

BERLIN C2 · BREITE STRASSE 36 · TEL. 51 41 52 / 51 58 08
POSTSCHECKKONTO BERLIN 333 18 · BERLINER STADTKONTOR 1/8042

Abschrift STRENG VERTRAULICH!

Information
über das Zustandekommen und den Verlauf der Veranstaltung am 10. Februar 1965 im Club der Kulturschaffenden unter dem Titel »Wolf Biermann singt Balladen und berichtet über seine Tournee durch Westdeutschland«:

1. Zur Vorgeschichte

In der Vorstandssitzung des Clubs am 12. Januar 1965, an welcher u. a. die Genossen Dr. Fritz Klein, H. Sandberg, W. Weiß, Prof. Dr. Barthel, A. Ackermann, H. Mackat, Dr. Schumacher und Prof. Wieland Herzfelde teilnahmen, wurde vom Gen. Dr. Fritz Klein, dem amtierenden Vorsitzenden, vorgeschlagen, zu dem Jour fixe im Februar Wolf Biermann zu gewinnen. Dieser Vorschlag wurde von Gen. Sandberg, der ihn bereits vorher in der Sitzung der Jour-fixe-Kommission eingebracht hatte, unterstrichen.

Der Jour fixe – eine monatliche Veranstaltung des Clubs unter dem Motto »Gedanken, Versuche, Meinungen« – ist ausschließlich für Mitglieder bestimmt.

Für einen Teil der Vorstandsmitglieder war offensichtlich der Name W. Biermann kein Begriff, denn allein die Genossin Korb erhob Bedenken gegen diesen Vorschlag mit der Begründung, daß B. zu den umstrittenen jungen Lyrikern gehöre und daß sein Vortrag nach ihrer Meinung auch nicht unter dem Motto Jour fixe entspreche. Dessen ungeachtet kam es zu einer Abstimmung mit dem Ergebnis, daß alle anwesenden ehrenamtlichen Vorstandsmitglieder für diesen Vorschlag stimmten. Genosse Dr. Klein erklärte anschließend, daß man dem Auftreten Biermanns und seinen Vorträgen große Aufmerksamkeit schenken sollte. Wenn B. auch problematisch sei, so könne – falls erforderlich – in der Diskussion von den Mitgliedern des Vorstandes korrigierend und kritisch eingegriffen werden. Man sollte sich mit Biermann ruhig auseinandersetzen. Es gäbe keinen Grund, diesen Abend nicht stattfinden zu lassen, zumal B. öffentlich in Westdeutschland aufgetreten sei und – soweit man hören konnte – in sehr positiver

Weise. Darüber hinaus sei Biermann ja bereits in der Distel aufgetreten und hat an Veranstaltungen – z. B. in der Kongreßhalle – in Berlin und in anderen Städten der Republik teilgenommen.

Am nächsten Tag nahm Genosse Dr. Klein über Herrn Dr. Bunge mit Biermann Verbindung auf und besprach die Bedingungen und den Termin seines Auftretens.

Da das Bezirkssekretariat und das Bundessekretariat des DKB Bedenken gegen eine Veranstaltung mit Biermann erhoben, folgte eine Besprechung mit den stellvertretenden Vorsitzenden, Gen. Dr. Klein und H. Sandberg. In dieser Vorbesprechung wurde festgelegt:

a) Durchführung einer Beratung am 8. Februar mit den Genossen des Vorstandes (A. Ackermann, Prof. Barthel, Dr. Klein, H. Mackat, W. Weiß, Prof. Herzfelde und H. Sandberg) mit dem Ziel, diesen Genossen Fakten über das Auftreten Biermanns in Westdeutschland sowie die Problematik in einigen seiner Lieder darzulegen, damit sie sachkundig und offensiv die Diskussion führen können.
b) die Genossen Dr. Klein, Bernd Lohaus und Herbert Sandberg führen mit W. Biermann eine Aussprache durch, die zur Festlegung des Programms führen soll.

Zu a):

Zu der Beratung am 8. 2. waren lediglich die Genossen A. Ackermann, H. Mackat, Dr. Klein, Bernd Lohaus und Hede Korb erschienen.

Nach der vom Genossen Lohaus gegebenen Information über das Auftreten Biermanns in Westdeutschland und die inhaltliche Interpretation einiger seiner Lieder herrschte bei den Anwesenden – bis auf Dr. Klein – die Auffassung, daß diese Veranstaltung besser nicht stattfinden sollte (Anton Ackermann: »Wenn ich gewußt hätte, wer Biermann ist, hätte ich im Vorstand dieser Veranstaltung nicht zugestimmt«.) Die Anwesenden hielten es aber trotzdem nicht für richtig und möglich, einen Tag vor Stattfinden der Veranstaltung abzusagen. Es wurde festgelegt, zur Unterstützung in der Diskussion zu den bisher aufgeforderten Genossen die Genossen Gerhard

Scheumann, Klaus Höpcke und Dr. Fred Staufenbiel zu gewinnen. Darüber hinaus wurden organisatorische Maßnahmen, die den Einlaß nur für Mitglieder garantierten, getroffen.

Zu b):

Biermann gab an, daß er nur Lieder singen würde aus seinem Programm in Westdeutschland, weil er ja über seine Reise nach Westdeutschland berichten solle. Aus Zeitgründen könne er auch nicht alle Lieder singen. Seine Lieder über den Personenkult (Drachenzyklus) habe er nicht in Westdeutschland gesungen und deshalb kämen sie auch in dieser Veranstaltung nicht in Frage. Die Balladen von den Frauen aus Bukkow, die Porträts, der Zyklus »Wir loben die guten Sozialisten«, die »Hetzlieder gegen den Krieg« und andere habe er schon in mehreren öffentlichen Veranstaltungen in Berlin und in der Republik, die eine entsprechende »Vorzensur« gehabt hätten, gesungen, bzw. werden sie zum Teil auf Schallplatten erscheinen.

Eine volle Klarheit über das von Biermann vorzutragende Programm wurde nicht erreicht.

Da die Lieder Biermanns und die politische Problematik Biermanns selbst den Genossen des Sekretariats nur vom Hörensagen bekannt waren, wurden Konsultationen mit Genossen der Abteilung Kultur des ZK und der Ideologischen Kommission der BL geführt. Nach dem geschilderten Stand der Dinge wurde von ihnen die Durchführung des Abends für möglich und u. U. für nützlich erachtet unter der Voraussetzung, daß es gelingt, das Programm festzulegen und durch befähigte Genossen die Diskussion in unserem Sinne zu führen.

2. Zum Ablauf der Veranstaltung

Der Einlaß in den Musiksaal wurde von zwei Genossen kontrolliert. Anwesend waren etwa 115–120 Personen. Viele Mitglieder waren mit ihrem Ehepartner, zum Teil mit ihren Kindern (Jugendlichen) erschienen. Anwesend waren u. a. Ehepaar Arnold Zweig (nach dem Liedervortrag gegangen), Prof. Schottländer mit Frau und Tochter, Dr. Leschnitzer, Dr. Lilli Lehder, Ronald Paris, Familie Sandberg, W. Weiß, Architekt Josef Kaiser, Dr. Bunge, Prof. Dr. Wirzberger, Prof. Dr. Barthel, Dr. Herneck, W. Flierl, H. Mackat, Gerhard Scheumann, Henryk Keisch, Klaus Höpcke, Dr. Staufenbiel u. a. m.

Nach kurzer Begrüßung durch Gen. Dr. Klein, der die Leitung des Abends hatte, folgte das Programm Biermanns (s. Anlage).

Allgemein gab es starken Beifall, ausgenommen bei einigen Liedern, wie »Villon«, »Legende vom Soldaten im 3. Weltkrieg«, »Ein deutscher Kommunist« und »Die Krähen«, die von mehreren Teilnehmern nicht mit Applaus bedacht wurden.

Nach einer Pause von 15 Minuten (inzwischen waren etwa 20 Teilnehmer nach Hause gegangen) begann Biermann mit dem Bericht über seine Westdeutschland-Tournee. Dabei ging es ihm vor allen Dingen um die Anerkennung seines Wirkens und Auftretens in Westdeutschland als Bürger der DDR und als Kommunist. Er gab einige Beispiele von Versuchen, sein Auftreten in Westdeutschland zu behindern, und kritisierte vor allem das Schweigen in unserer Presse über seine Tournee. Mehrmals brachte er dabei zum Ausdruck, daß er immer als Bürger der DDR und Kommunist offen aufgetreten sei und zwar – im Unterschied zu anderen Bürgern unserer Republik, die nur in kleineren Kreisen der Linken in Westdeutschland diskutierten – in aller Öffentlichkeit vor Tausenden von Menschen. »Ich bin kein Feind der DDR«, stellte er in diesem Zusammenhang fest, »Feinde gehören ins Gefängnis«. Er mokierte sich dabei über einige Funktionäre, die seiner Meinung nach eigentlich froh gewesen wären, wenn er nicht zurück gefunden hätte, um damit eine Bestätigung für ihre Einschätzung seiner Person zu haben.

Als Beleg dafür, welches Echo sein Auftreten in Westdeutschland gefunden hätte, las Biermann Kritiken und Kurzberichte aus westdeutschen Zeitungen vor und ironisierte auch die Bemühungen des Fernsehens, ihn bei dem Gespräch, daß er fortführte, hereinzulegen.

In der Einschätzung seines eigenen Auftretens nahm Biermann sehr kritisch zu dem politisch falschen Verhalten Jewtuschenkos während dessen Reise durch Westdeutschland Stellung und stellte dabei fest, daß Jewtuschenkos Auftreten nicht das eines Vertreters des größten sozialistischen Staates gewesen sei. Biermann gab allerdings zu, daß er den Vorteil hatte, aus dem falschen Auftreten Jewtuschenkos Lehren ziehen zu können und daß er diesen bei seinem Besuch in Westdeutschland genutzt habe.

...

3. Einschätzung

a) Wie ist der Vorschlag, Wolf Biermann im CdK auftreten zu lassen, zu werten?
Im Clubvorstand gibt es Leitungsmitglieder, die objektiv liberalistische Tendenzen in der Arbeit des Klubs fördern. Sie begründen ihre Vorschläge für bestimmte Veranstaltungen und Aussprachen mit Bemerkungen, wie:
»Wir müssen interessante problematische Veranstaltungen durchführen, auch wenn es zu einem Krach kommt ...
wir sind doch politisch mündig, Ihr braucht doch keine Angst zu haben.«
Als interessante und klubwürdige Veranstaltungen werden die Ausstellungen René Graetz und die Veranstaltung mit Biermann von diesen Leitungsmitgliedern angeführt.
Andere Leitungsmitglieder sind ungenügend über die aktuellen Fragen unserer Kulturpolitik und die veränderte Taktik des Gegners orientiert.

b) Das Auftreten von Biermann war widersprüchlich; während er sich mehrmals eindeutig zur DDR bekannte, ließen die Auswahl und der Vortrag seiner Lieder diese eindeutige Stellungnahme für die DDR und gegen das reaktionäre Regime in Westdeutschland vermissen.
Einige seiner Lieder hatten die Tendenz, uns eine rückwärts gerichtete Diskussion aufzuzwingen und näherten sich der kleinbürgerlichen revisionistischen Position von Havemann und Heym.
Das gesamte Auftreten von Biermann bewies, daß er sich über die wirklichen Grundfragen in der Auseinandersetzung der beiden gesellschaftlichen Systeme in Deutschland nicht klar ist.

c) Die Diskussion zeigte, daß eine Reihe von Genossen nicht

bereit waren, kämpferisch gegen falsche dogmatische Auffassungen und Formulierungen Biermanns und anderer Diskussionsredner aufzutreten, sondern schwiegen, trotzdem sie durch entsprechende Aussprachen mit Mitgliedern des Bezirkssekretariats, Klubsekretariats und der Klubleitung auf die Diskussion vorbereitet waren.

d) Obwohl nach Konsultation mit der Abteilung Kultur des ZK und der Ideologischen Kommission der BL durch verantwortliche Genossen der Leitungen in Vorbereitung des Abends versucht worden war, eine prinzipielle Auseinandersetzung mit Biermann zustande zu bringen, ist dies nicht gelungen.
Eine Ursache dafür ist das mangelhafte Auftreten verschiedener Genossen und taktische Manöver Biermanns, die es einigen Genossen erschwerte, die kleinbürgerliche Position Biermanns zu erkennen.

4. 1. Schlußfolgerungen

a) Vom Parteikern ausgehend ist das ideologische Niveau der Leitung zu erhöhen, und es sind verstärkt die Grundfragen unserer Politik auf die Tagesordnung zu setzen. Das geschieht besonders im Zusammenhang mit der Vorbereitung der Jahreshauptversammlung des CdK.

b) Eine weitere Ursache für das Auftreten liberalistischer Tendenzen in der Klubarbeit ist das Fehlen einer führenden Persönlichkeit als Vorsitzender des Clubs.
Mit der Wahl des Genossen Prof. Budzislawski als neuen Vorsitzenden und der Gewinnung weiterer befähigter Persönlichkeiten aus den Reihen der Mitglieder muß erreicht werden, daß die insgesamt positive Entwicklung des CdK als ein Zentrum des geistig-kulturellen Lebens der Hauptstadt weiter entwickelt wird.

Ministerium für Kultur Berlin, 23. 4. 1965
– Der Minister –

Aktennotiz
über ein Gespräch mit Wolf Biermann am 16. März 1965

Anlaß des Gesprächs war die Bitte des Organisationskomitees der Ostermarschbewegung zu genehmigen, daß Biermann an der Abschlußkundgebung in Frankfurt/Main teilnimmt. Das Gespräch weitete sich aus und berührte mehrere Themenkreise.

Im Verlauf des Gesprächs wurde Biermann nach seiner Haltung zur DDR gefragt, wobei er erklärte, daß er in der Vergangenheit nicht alles richtig gemacht habe, er habe verkannt, daß unter komplizierten politischen Bedingungen die DDR einen richtigen Weg gegangen sei, und hätte daraus die Schlußfolgerung gezogen, daß er nicht so auftreten könne, daß seine Haltung mißverständlich aufgefaßt werden kann. Er erklärte, daß auch in der Vergangenheit ihm völlig ferngelegen habe, gegen die Partei oder die Regierung Stellung zu nehmen. Er möchte nicht länger als Außenseiter in unserer Gesellschaft leben und kämpfe um seinen Parteieintritt und hätte ebenfalls einen Antrag zur Aufnahme in den Schriftstellerverband eingereicht. Sein Gedicht über die alten Genossen sei mißverstanden worden. Es richtete sich nicht gegen alle alten Genossen, sondern gegen diejenigen, die nicht eng genug mit der Jugend verbunden sind. Eindringlich bat er, darin keine Stellungnahme etwa gegen den Genossen Walter Ulbricht zu erblicken, das sei eine falsche Interpretation seiner Auffassung.

Ein weiterer Punkt des Gesprächs war die Stellung zu den vielfältigen Angeboten, die er zu Auftritten in Westdeutschland bekommen hat, so z. B. ein Engagement von vier Monaten im Westberliner Kabarett, dessen Inhaber Neuß ist (pro Abend 350,-- Mark) und an einem Münchener Kabarett (Lach- und Schießgesellschaft), pro Abend 1000,-- Mark. Weiterhin berichtete er von Einladungen zu allen möglichen Veranstaltungen in Ost und West, denen er aber nicht nachkommen wolle. Die Angebote aus München und Westberlin locken ihn, weil sie für ihn auch eine finanzielle Erleichterung seiner Situation darstellen, denn er hat in der DDR fast keine Einkünfte. Ich habe ihm erklärt und begründet, daß er zu solchen Auftritten keine Genehmigung bekommen würde, und habe in längerer Diskussion die Anti-DDR-Haltung und antikommunistische Haltung von Neuß erläutert. Er war der Meinung, daß das für die Vergangenheit zuträfe, daß Neuß aber einen ernst zu nehmenden Wandlungsprozeß durchmacht, der zu einer festen Annäherung an die DDR und zum Widerspruch zu Brandt und seiner Gruppe führen wird. Er war der Meinung, daß man diesen Prozeß unterstützen muß und aus diesem Grunde Neuß dabei behilflich sein sollte, denn er hat als Kabarettist großes Ansehen und großen Einfluß. Ich habe ihm dazu erklärt, daß aus der Vergangenheit genügend Erfahrungen vorliegen, daß Neuß ein politischer Wirrkopf ist und letztlich immer wieder auf die Anti-DDR-Haltung umgeschwenkt ist. Er erklärte, daß er das bis dahin nicht gewußt habe und würde sich dementsprechend verhalten. Allerdings könne er nicht umhin, Neuß zu begegnen, da dieser inzwischen seinen Wohnsitz nach Westdeutschland verlegt hat und als westdeutscher Bürger Tagespassierscheine für die Hauptstadt der DDR bekommen kann. In den Gesprächen mit Neuß jedoch wolle er diesen von seiner antikommunistischen Haltung abbringen. Er glaube, daß das möglich sei.

Biermann bat darum, in der DDR mehr Auftrittsmöglichkeiten zu bekommen. Ich habe ihm dazu erklärt, daß das von seiner Haltung zur DDR und vom Inhalt seiner Darbietung abhängt. Er versprach, ein Programm für Auftritte vorzulegen, wobei er mitteilte, daß er sich nicht nur auf seine eigenen Arbeiten beschränken, sondern ebenfalls Lieder von Eisler in sein Programm einbeziehen wolle. Ebenfalls arbeite er an einer Zusammenstellung von für die Veröffentlichung geeigneten Gedichten und an einem Programm für eine Schallplatte. Er betonte noch einmal, daß er nichts gegen unsere Auffassung tun wolle und bat darum, wenn er diese Arbeiten vorlegt, um eine Beurteilung. Er teilte mit, daß er an einem Fernsehfilm mitwirken wird, und stellt in diesem Zusammenhang die Frage, ob er nicht häufiger für die Jugend im Fernsehen singen soll. Ich habe ihm dazu gesagt, daß das eine Angelegenheit der Leitung des Fernsehens ist und er sich deshalb dort mit dem zuständigen Genossen Sachs in Verbindung setzen soll.

Abschließend erklärte er noch einmal, daß er sich in Westdeutschland korrekt als DDR-Bürger verhalten wolle und überall für die DDR auftreten werde.

Ich habe ein Auftreten in Frankfurt/Main befürwortet, weil vor dem Welttreffen der Schriftsteller es nicht richtig gewesen wäre, die Genehmigung zu verweigern, nachdem mehrfach Briefe an mich von dem »Zentralen Ausschuß der Kampagne für Abrüstung. Ostermarsch der Atomwaffengegner« gerichtet wurden. Es war zu befürchten, auch im Zusammenhang mit dem offenen Brief Max von der Grüns an Arnold Zweig, daß daraus Komplikationen für das Schriftstellertreffen entstanden wären. Hans Bentzien

NS.:
Im Verlaufe des Gesprächs betonte Biermann mehrmals, »daß er von seinem Auftreten auf Parties genug habe«, er würde nicht mehr daran teilnehmen.

Abteilung Kultur Berlin, den 30. 4. 1965
Scher/Er.

Information
über das Auftreten von Wolf Biermann auf einer Veranstaltung des Ostermarsches 1965 und die in Westdeutschland erfolgte Veröffentlichung eines gegen die DDR gerichteten Gedichtes

Dieser Information beigefügt ist der Bericht der »Frankfurter Rundschau« (21. 4. 65) über einen Ausklang des Ostermarsches mit Wolfgang Neuss und Wolf Biermann in Frankfurt am Main. Dort wurde u. a. ein Gedicht vorgetragen, das Neuss in die dem 8. Mai »gewidmete« Ausgabe des »Neuss

Deutschland« aufnahm und als Flugzettel verkaufte: Wolf Biermann, Deutschland – Ein Wintermärchen, Kapitel I. (Im Impressum des Blattes ist Biermann als Mitarbeiter genannt).

Abgesehen von der maßlosen Selbstüberschätzung, sich mit seinem »Cousin« Heinrich Heine zu vergleichen, abgesehen von dem äußerst rüden und vulgären Ton, der in dieser Reimerei angeschlagen wird, zeigt Wolf Biermann, daß er entscheidende Fragen unseres nationalen Kampfes nicht begriffen hat und sie zum Teil vom Blickwinkel des Feindes aufgreift. Das gilt speziell für die widerwärtigen Strophen von Mauer, Drahtverhau, Bluthunden und Rückenschüssen. Nicht der aggressive westdeutsche Imperialismus und die Westberliner Provokateure sind schuld, wenn es in Deutschland »stinkt und knallt«, schuld sind die »großen Herrn der Welt«, wenn sie der Magen drückt und kneift.

Es ist völlig unentschuldbar, in Westdeutschland eine solche Arbeit als Beitrag aus der DDR zum 8. Mai (!) zu veröffentlichen und das in dem Anti-DDR-Blatt von Wolfgang Neuss. Hier wird fortgeführt, was sich im Auftreten von Stefan Heym und Robert Havemann in Konzeption und Methode bereits gezeigt hat.

Natürlich will Biermann auf seine Weise »für« die DDR eintreten, wie er mit der vorletzten Strophe unterstreicht:

Die DDR, mein Vaterland
ist sauber immerhin
Die Wiederkehr zur Nazi-Zeit
ist absolut nicht drin

Aber das wird sofort mit den abschließenden Versen aufgehoben, wonach der einstmals braune Hintern nach der Behandlung mit Stalins hartem Besen nunmehr »rot verschrammt« ist. Nach allen Erfahrungen, die mit Biermann gemacht wurden, kann die zitierte Strophe als eine Rückendeckung für die in der Mehrzahl der übrigen Strophen verbreitete Tollheit und Schweinerei angesehen werden.

Wolf Biermann hat mit seinem »Wintermärchen« sein dem Genossen Bentzien gegebenes Versprechen gebrochen, in

Westdeutschland nicht gegen die DDR aufzutreten. Die Einzelheiten des Programms der Frankfurter Veranstaltungen zum Ostermarsch sind uns nicht alle bekannt, aber fest steht, daß Lieder über den Bullen, der nicht in die LPG wollte, über das Verprügeln eines Jugendlichen, der in der DDR auseinandertanzte, über die Partei, die ihren Fuß Wolf Biermann abhackte, dort auf gar keinen Fall hingehörten. Ein Hinnehmen dieser Dinge ist unmöglich. Es muß unbedingt verhindert werden, daß durch das Auftreten Biermanns in Westdeutschland Kreise der Intelligenz und der Jugend in der DDR zu falschen Schlußfolgerungen über unsere sozialistische Kulturpolitik gelangen können.

Die vielfältigen Bemühungen um Biermann, die langen Diskussionen von verantwortlichen Genossen, die ihm ins Gewissen geredet haben, fruchteten nicht.

Wir schlagen vor, die ganze Angelegenheit noch einmal ruhig zu überdenken – den Einfluß, der auf ihn ausgeübt wird und den er selber ausübt.

Zu diesem Komplex gehört auch die Information von einer kürzlich stattgefundenen Beratung der KPD in Berlin, wo verantwortliche Vertreter des Kulturlebens Westdeutschlands, so die Genossen Dr. Hiepe (Gruppe »Tendenzen«) und Voss (»Komma-Klub«), leidenschaftlich für Biermann eingetreten sind, der in Westdeutschland überaus gut ankomme und wahrhaft parteilich die DDR vertrete usw.

Auch seine Wirkung auf bestimmte, vor allem jüngere Künstler der DDR ist nicht gering, wozu solche Beiträge, wie die DDR-Fernsehberichterstattung vom Ostermarsch, wo er fast 10 Minuten »im Blickpunkt« stand, nicht unwesentlich beitragen. Diese Sendung wurde gestern, am 29. 4. 1965, als Abschluß eines Gesamtberichtes über den Ostermarsch nochmals wiederholt. (Biermann wurde darin als »Schriftsteller und Liedersänger der DDR« vorgestellt.)

Wir haben folgende erste Überlegungen zur Auswertung:

1. Der Stadtrat für Kultur, Genosse Ernst Hoffmann, oder ein anderer zu benennender Genosse führt ein Gespräch mit Wolf Biermann, worin ihm eine scharfe Mißbilligung sei-

nes Auftretens in Frankfurt am Main ausgesprochen wird. Biermanns vielfältige Versprechungen seien nicht eingehalten worden.

2. Wir erwarten, daß Biermann sein derzeitiges Eintreten »für« die DDR beendet und gegenwärtig in der DDR keine öffentlichen Veranstaltungen wahrnimmt.
3. Gegenwärtig erfolgt keine Entsendung nach Westdeutschland oder ins Ausland, unter welchem Vorwand auch immer. Ähnlich wie im Fall Stefan Heym wird den Organen der ČSSR mitgeteilt, daß jede Beteiligung von Biermann, z. B. als Textdichter für Semafor, bei der Schallplattenproduktion u. a. nicht erwünscht ist.
4. Der Deutsche Fernsehfunk wird aufgefordert, seine Vorbereitungen für eine Biermann-Sendung einzustellen.
5. Entsprechende Hinweise erfolgen auch an andere kulturelle Einrichtungen und die Presse.
6. Es sind Überlegungen anzustellen, welche berufliche Tätigkeit Biermann aufnehmen soll.
7. Wenn es auf Grund dieser Schritte im DSV und an anderen Stellen zu Diskussionen kommt, ist an Hand des »Wintermärchen«-Gedichtes eine prinzipielle und gründliche politische Auseinandersetzung zu führen.
8. Es ist zu erwägen, dem Westberliner Wolfgang Neuss, der sich inzwischen einen westdeutschen Paß verschafft hat, wegen seiner auf die Aufweichung der DDR gerichteten Aktivitäten für die nächste Zeit das Betreten der DDR und ihrer Hauptstadt zu verweigern.

Am 5. Dezember 1965 veröffentlichte das »Neue Deutschland« unter der Überschrift »... der nichts so fürchtet wie Verantwortung. Über ›Antrittsrede‹ und ›Selbstporträt‹ eines Sängers« einen längeren Beitrag des Leiters der Abteilung Kultur der Redaktion, Klaus Höpcke.

Der Autor 25 Jahre später über sich selbst:

»Wie anderen Beteiligten geht es mir: Auch eigene Erinnerungen und Erfahrungen sind kritisch zu durchdenken. Das Wort ›die Erneuerung erfordere vor allem, daß sich jeder persönlich prüft‹ bedeutet für mich, mich vor allem zu fragen, wie es kam, daß ich, als ich den am 5. Dezember im ›Neuen Deutschland‹ veröffentlichten Artikel über Wolf Biermann schrieb, ohne etwas vom Scherbengericht zu wissen, das zwei Wochen später auf dem Plenum losbrechen sollte, nichts davon ahnte, daß hier ein Stellvertreterkrieg mit Kunsturteilen, mit Verurteilung von Kunst in Gang gesetzt wurde? Zwischen dem Vorgang und Biermanns Ausbürgerung 1976 liegen zwar 11 Jahre und mit irgendwelchen Vorschlägen, Entschlüssen, Beschlußfassungen, Entscheidungen zu Biermanns Ausbürgerung hatte ich nichts zu tun. Der Artikel aber, den ich 1965 geschrieben hatte, erschien vielen auch über die lange Zeit hinweg im Kontext mit dieser Maßnahme. Ich hatte mich von Verketzerungsstimmungen anstecken lassen. Zwei, wie mir bewußt geworden ist, untaugliche Verfahren habe ich angewandt: erstens einzelne poetische Zeilen überinterpretiert und zweitens, statt streng beim Werk zu bleiben, vom Werk auf den Autor gezielt (abgesehen davon, daß ich mir – drittens – weihrauchwedelnde Anfangssätze aufschwätzen ließ).«
(G. Gysi: Wir brauchen einen dritten Weg, Hamburg, 1990)

Und in einem Interview:

»Villain: Wie erlebtest du den Herbst 65? Ich könnte mir vorstellen, daß der sich anbahnende, ebenso radikale wie brutale Kurswechsel innerhalb der Kulturredaktion des ND ziemlich kontroverse Reaktionen auslöste, Aufregungen, Verunsicherungen, Ängste ...

Höpcke: Ich erlebte jene Tage der Verunsicherung auf eine Weise, die zu erheblicher Aufregung um meine Person führte. Es ging dabei um Wolf Biermann und seine öffentlichen Auftritte als Liedermacher. Ich hatte während meiner

Leipziger FDJ-Zeit viel zu tun gehabt mit Lyrikabenden und Lyriklesungen; man sprach damals von einer regelrechten Lyrikwelle, und deshalb interessierten mich jetzt natürlich auch entsprechende Berliner Veranstaltungen, ich besuchte also auch eine mit Biermann und widmete ihr einen sehr persönlich gehaltenen Kommentar. Der nicht veröffentlicht wurde, mir aber eine Portion von genau dem Ärger einbrachte, den du vorhin beschrieben hast. Man setzte sich, wie man so treffend sagt, auseinander, ich wurde aufgefordert, zu den Biermannschen Publikationen doch gründlicher Stellung zu nehmen, in einem etwas längeren Artikel. Der geriet schon in seiner Urfassung recht kritisch und polemisch, jedoch für manche Leute noch immer nicht genug. Jedenfalls wurde mir in den Text hineinredigiert und an ihm herumgebastelt, vor allem an dessen erstem Teil, der dann auf eine überaus gespreizte Weise, die zum Rest stilistisch nicht paßte, die hehren Seiten unserer Entwicklung usw. pries.

Villain: Wer war der Bastler? Etwa Hermann Axen?

Höpcke: Ja, er als damaliger Chefredakteur des ND in Person. Ich versuchte dann zwar noch, den dicksten Schwulst wieder herauszukriegen, aber das gelang nur unzureichend, und so kam es, daß mich Jahre später in der Bundesrepublik ein Stilanalytiker auf dieses eigenartige Gebilde ansprach und mir auf den Kopf zu sagte, daß es nur etwa zur Hälfte meiner Art zu schreiben entspräche. Was die heftige Polemik betreffe, die offensichtlich aus meiner Feder stamme, wolle er über deren Gültigkeit mit mir nicht rechten, doch was davor stünde, das komme ihm schon recht befremdlich vor ... Ich ließ das seinerzeit auf sich beruhen. Welche Bewandtnis es damit wirklich hatte, erzähle ich heute zum ersten Mal.

Villain: Was sich insofern seltsam fügt, als ich im Schweizer ›Vorwärts‹ nun wieder heftig gegen deinen Artikel polemisierte, denn jene allererste Biermann-Affäre hatte natürlich auch im Westen mächtig Staub aufgewirbelt. Und da wir in der Partei der Arbeit mit der rigiden Haltung des Politbüros der SED gegenüber Biermann ganz und gar nicht einverstanden waren, du sie aber im ND vertratest, oblag es mir, dem

DDR-Korrespondenten unseres Blättchens, gegen das großmächtige ND ein bißchen anzukläffen ...

Höpcke: Gerade weil ich den Artikel kürzlich noch einmal gelesen habe, möchte ich zweierlei deutlich machen: erstens, daß ich auch ›meinen‹ Teil heute anders lese als damals; die der Polemik zugrunde gelegten Deutungen sind nur zum Teil gerechtfertigt. Zweitens ist darauf hinzuweisen, daß bestimmte Dinge, die von manchem Zeitgenossen später in den Artikel hineinprojiziert wurden, falsch sind. So legte mir beispielsweise eine Münchner Publizistin die Drohung in den Mund, Biermann solle mal zusehen, daß nicht statt des Milchmanns eines Morgens jemand anders vor der Tür stehe. Davon steht in meinem Artikel nicht ein Wort drin. Und Raddatz gar verbreitete in der ›Zeit‹, ich hätte Biermann als einen Verbrecher bezeichnet. Davon ist selbst zwischen den Zeilen nicht die geringste Spur zu finden ...

Villain: Wer aber ›machte‹ in diesem Lande überhaupt die Kulturpolitik? Wer konzipierte sie, wer hatte dabei das endgültig letzte Wort?

Höpcke: Das ist eine interessante Frage, die es verdienen würde, sehr gründlich recherchiert zu werden, schon weil sich Kulturpolitik ja letztlich nur in wirklicher kultureller Entwicklung äußern kann. Da in der DDR im Lauf von vier Jahrzehnten neben vielem Schlimmem und Borniertem doch auch eine wirkliche kulturelle Entwicklung stattfand, die eine ganze Menge an Bewahrenswertem, Gutem, an Gewinn von geistiger Souveränität mit sich brachte, würde ich hier eine Vielzahl widersprüchlicher, sowohl miteinander verbundener als auch gegeneinander agierender Kräfte am Werk sehen. In der Partei war zwar das Politbüromitglied Kurt Hager, Sekretär des ZK, die oberste kulturpolitische Instanz, doch in Wahrheit heißt das noch lange nicht, daß er die kulturellen Entwicklungsprozesse auch tatsächlich restlos überblickte, kontrollierte oder lenkte. Sie boten, meine ich, sehr viel mehr Facetten, als das, was von seinem Büro ausging.«

(Jean Villain: Die Revolution verstößt ihre Väter, Bern, 1990)

So ehrenwert ein Vierteljahrhundert danach die Selbstkritik ist, so war schon damals beim Selbstverständnis der SED klar, daß mit einem redaktionellen Artikel wenige Tage vor einem Plenum des Zentralkomitees der SED eine parteipolitische Orientierung gegeben wurde. Was das »Neue Deutschland« veröffentlichte, war bestätigte Auffassung der Parteiführung der SED, oder umgekehrt, die Parteiführung der SED ließ über Grundsatzartikel im »ND« ihre Meinung der Öffentlichkeit kundtun.

Entsprechend war auch die Reaktion.

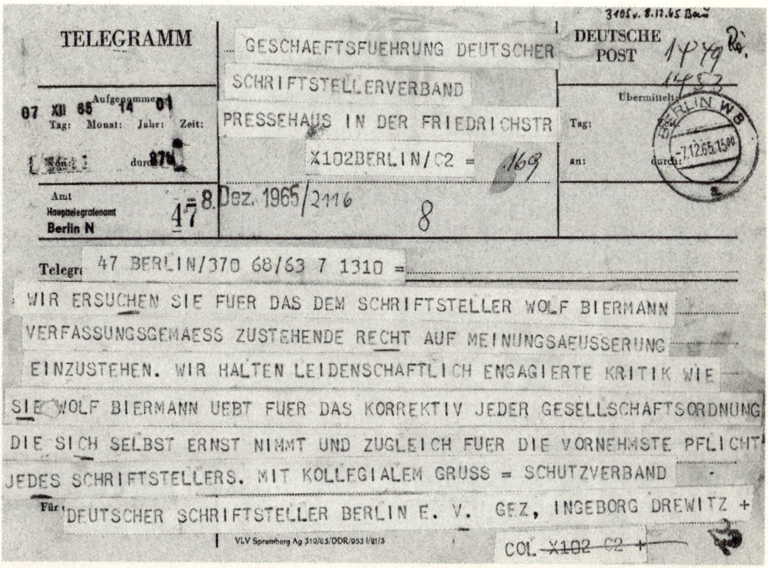

TELEGRAMM

GESCHAEFTSFUEHRUNG DEUTSCHER
SCHRIFTSTELLERVERBAND
PRESSEHAUS IN DER FRIEDRICHSTR
X102BERLIN/C2 =

DEUTSCHE POST

07 XII 65 14 01

Amt Haupttelegrafenamt Berlin N

47 8. Dez. 1965

Telegr. 47 BERLIN/370 68/63 7 1310 =

WIR ERSUCHEN SIE FUER DAS DEM SCHRIFTSTELLER WOLF BIERMANN VERFASSUNGSGEMAESS ZUSTEHENDE RECHT AUF MEINUNGSAEUSSERUNG EINZUSTEHEN. WIR HALTEN LEIDENSCHAFTLICH ENGAGIERTE KRITIK WIE SIE WOLF BIERMANN UEBT FUER DAS KORREKTIV JEDER GESELLSCHAFTSORDNUNG DIE SICH SELBST ERNST NIMMT UND ZUGLEICH FUER DIE VORNEHMSTE PFLICHT JEDES SCHRIFTSTELLERS. MIT KOLLEGIALEM GRUSS = SCHUTZVERBAND DEUTSCHER SCHRIFTSTELLER BERLIN E. V. GEZ, INGEBORG DREWITZ +

COL X102 C2 +

Dieses Telegramm erhielten in einer Abschrift Walter Ulbricht, Erich Honecker und Kurt Hager.

Abschrift

Bernd Jentzsch 1162 Berlin Fürstenwalder Damm 482

Sehr geehrter Herr Höpcke,
mit Bestürzung las ich Ihren Artikel »... der nichts so fürchtet wie Verantwortung«, den Sie in der Sonntagsausgabe des »Neuen Deutschland« vom 6. Dezember veröffentlichten. Ich sage es Ihnen offen: Diese fünf Spalten haben mich zutiefst beunruhigt. Sie schreiben darin: »Tatsachen bleiben Tatsachen.« Tatsache ist, daß mein Freund Wolf Biermann als überzeugter Kommunist gelten kann. Ich will nicht davon sprechen, wie sehr Ihr Artikel geeignet ist, Biermann in seiner materiellen Existenz zu gefährden, da ihm aufgrund dieser Polemik keine Institution, kein privater Einlader momentan Gelegenheit geben wird, seine Lieder vor einem Auditorium vorzutragen, obwohl das allein schon ein gewichtiger Grund zum Einspruch wäre. Vielmehr soll die Rede sein über den Ton, mit dem Sie einem Schriftsteller begegnen, einem Ton nämlich, von dem ich glaubte, er sei spätestens seit einigen Jahren unserer gemeinsamen Sache nicht mehr würdig. Ich halte es, um mich mild auszudrücken, nachgerade für unpassend, den Kommunisten Biermann mit den Pinscher-Ausfällen der Herren Erhard und Strauß in Verbindung zu bringen. Glauben Sie denn wirklich, Herr Höpcke, daß Biermann, der, wie Sie wissen, 1953 aus der Bundesrepublik in die DDR übersiedelte, diesen Schritt vollzog, um »die sozialistische Revolution in der DDR in den Dreck« zu treten?

Möglicherweise kenne ich nicht alle Texte, an die Sie beim Abfassen Ihres Artikels gedacht haben, und möglicherweise würde auch ich mich über das eine oder andere Gedicht mit Biermann streiten. Fest steht aber, daß ich nicht auf den Gedanken verfiele, ihm sexuelle Perversität zu unterschieben, um daraus politische Perversität und den angeblichen Verrat am Vermächtnis seines im KZ ermordeten Vaters konstruieren zu können.

Ich bin für parteiliche Kritik, die uns hilft, ungeklärte Fragen zu klären. Im Falle Biermann heißt das: Kritik einer kommunistischen Zeitung an den Arbeiten eines kommunistischen Liedermachers und nicht, wie Sie es praktizieren, Kritik an einem als von vornherein DDR-feindlich abgestempelten Autor. Ich halte dafür, daß der Sozialismus die freieste aller Gesellschaftsordnungen darstellt. Nutzen Sie nach Kräften die Ihnen gegebenen Möglichkeiten, indem Sie Biermann die Freiheit einräumen, seine Lieder und Ansichten im »Neuen Deutschland« kundzutun, mit denen man sich dann auf sachliche Art und Weise auseinandersetzen sollte.

Mit freundlichen Grüßen, Ihr

8. 12. 65 gez. Bernd Jentzsch

Abschrift

An die Redaktion des »Neuen Deutschland«

Sehr geehrter Herr Höpcke,
ich sende Ihnen hier einen offenen Brief in der Angelegenheit Biermann, der in der nächsten Nummer der ZEIT zum Abdruck kommt, und den ich auch gern im ND ungekürzt veröffentlicht hätte:

Mit Entsetzen sehe ich, auf welche Weise ein Autor der DDR, Wolf Biermann, öffentlich für seine Meinung abgeurteilt wird. Ich bin kein Freund des Bonner Staats, doch ich habe, trotz der Angriffe, die auch über mich ergingen, bisher jede meiner Arbeiten dort veröffentlichen und meine Stücke aufführen können. Wenn ich für den Sozialismus eintrete, so tue ich dies, weil zu meiner Vorstellung des Sozialismus die freie Meinungsäußerung gehört. Es ist völlig unvereinbar mit den Grundlagen derjenigen sozialistischen Gesellschaftsordnung, die ich anstrebe, daß einzelne Vertreter der Literatur und Kunst unterdrückt werden. Wolf Biermann hat bisher in der DDR kein Buch veröffentlichen können, seine Arbeiten sind nur kleinen Kreisen bekannt. Ich frage mich, worin denn die Gefahr seiner Lieder liegt, die jetzt einer solchen Diffamierungsaktion ausgesetzt werden, und ich habe beim Wiederlesen der Texte nichts entdecken können, was gegen den

Sozialismus verstößt. Biermann gibt einzig und allein Ausdruck für einen stattfindenden Generationskampf, und dies ist sein natürliches Recht. Die sozialistische Gesellschaft müßte stark genug sein, abweichende und kritische Stimmen zu ertragen. Man mag gegen ihn polemisieren, aber man soll ihn zu Wort kommen lassen. Als humanistischer Schriftsteller erkläre ich meine Solidarität mit Wolf Biermann.

Peter Weiss	Mit besten Grüßen, Ihr
Storgatan 18	gez. Peter W e i s s
Stockholm Ö.	Stockholm, den 12. Dez. 1965

Abschrift

An die Redaktion des »Neuen Deutschland«

Man muß Euren Mut bewundern. Wirksamer konnten Erklärungen der Solidarität mit Wolf Biermann, die die fortschrittlichen Schriftsteller vom Amery bis Weiss jetzt abgeben werden, nicht herausgefordert werden, als durch K. H.-s erbärmlichen Schrieb. Daß Ihr – wenigstens im Neuen Jahr – den Mut haben werdet, von der Solidarität der wachsenden Zahl der Biermannfreunde zu berichten, wünscht Euch für 1966

Robert Havemann

Obwohl das Referat Erich Honeckers für das 11. Plenum sicher schon ausgearbeitet, die Weichen gestellt waren, arbeitete das Ministerium für Kultur an einer Information über Gespräche und Diskussionen mit Wolf Biermann in den letzten Jahren. Am Tage der Eröffnung des Plenums und des Referats Honeckers wurde die Information der Kulturabteilung des ZK der SED übergeben.

3174 v. 15.12.65 Da

5V

MINISTERRAT
DER DEUTSCHEN DEMOKRATISCHEN REPUBLIK
Ministerium für Kultur
Büro des Ministers

Zentralkomitee der SED
Kulturabteilung
z.Hd.d. Genossen Dieter Heinze

1o2 B e r l i n
Marx-Engels-Platz

Ihre Nachricht vom | Unsere Zeichen | BERLIN C 2, Molkenmarkt 1-3

15.12.1965

Sehr geehrter Genosse Heinze!

Zu Deiner Anfrage hinsichtlich Gesprächen und Diskussionen mit Wolf Biermann ließ sich hier feststellen:

1. In einer Veranstaltung "Junger Lyriker" unter Leitung von Jens Gerlach anläßlich des Deutschlandtreffens im Mai 1964 in Berlin-Adlershof, in Anwesenheit vieler westdeutscher und westberliner Jugendlicher, trat unvorbereitet u.a. Wolf Biermann auf. Sein Auftreten und seine Teilnahme an der Diskussion vertraten ohne Einschränkung die DDR.

   Nach Abschluß bestätigte der Stellvertreter des Ministers, Genosse Bork, diesen Umstand, verhehlte seine Freude darüber nicht und ließ offen, daß sich Biermann an ihn wenden solle, wenn er Sorgen habe.

2. Drei Tage danach kam Wolf Biermann unangemeldet zum Genossen Bork und legte ihm in einem längeren Gespräch dar, daß er außerhalb der Partei nicht leben und arbeiten könne und daß er nicht länger "Bardensänger" sein möchte, sondern lieber vor Arbeitern auftreten will. In diesem Gespräch stellte Genosse Bork die Überlegung an zu prüfen, ob sich nicht eine Tournee in der DDR organisieren ließ, wenn Biermann zusichere, sich an ein festgelegtes Programm zu halten und auch als Zugaben sich auf festgelegte Titel beschränke. Biermann hielt

- 2 -

Bankkonto: Deutsche Notenbank Berlin Nr. 1130 000 | Telefon: 209 | Fernschreiber: Berlin 011303 | Telegramm-Anschrift: Kulturministerium Berlin | Besuchszeit: Dienstag 9–14 Uhr, Freitag 9–18 Uhr

In Antwortschreiben wird um Angabe der Geschäftszeichen gebeten das für möglich und regte an, die entsprechenden Titel gemeinsam auszuwählen.

Angesichts vieler Bedenken und Einwände gegen den Einsatz Biermanns auf Grund vorangegangener Erfahrungen und zahlreicher ähnlicher fehlgeschlagener Versuche verzögerte sich die Absicht, dieses Vorhaben zu realisieren, trotzdem mit einigen Institutionen Gespräche in dieser Richtung geführt wurden (z.B. KGD Leipzig).

Angesichts dieser Lage erhielt Wolf Biermann am 18.6.1964 eine Zwischenmitteilung des Genossen Bork, daß sich die Realisierung der angestellten Überlegungen noch etwas verzögern werden.

3. In der Folgezeit kam Wolf Biermann mit verschiedenen Einladungen zum Genossen Bork, um seine Unterstützung zu Reisegenehmigungen nach Köln, Frankfurt/Main, München und Wien zu erhalten.

In Übereinstimmung mit den zuständigen Genossen wurden solche Reisen vor der Klärung des Verhältnisses Biermanns zur DDR für nicht zweckmäßig erachtet und deshalb abgelehnt.

4. Anläßlich der Leipziger Dokumentar- und Kurzfilmwoche 1964 wandte sich Wolf Biermann erneut mit solchen Fragen an die Genossen Bentzien und Bork. Genosse Bentzien erklärte Wolf Biermann im Hotel Astoria, die Sache nach Rückkehr noch einmal zu prüfen.

Nach Beratung wurde der Antrag abgelehnt. Die Ablehnung erläuterte Genosse Bork Wolf Biermann am 28.11.1964 in einem ausführlichen Gespräch, in dem er ihm u.a. erklärte, daß wir die volle Verantwortung tragen und deshalb verpflichtet sind, alle Umstände zu prüfen und zu berücksichtigen. Wolf Biermanns letzte Auftritte, insbesondere der in Rossendorf, ließen gegenwärtig keine andere Entscheidung zu.

Wolf Biermann erklärte daraufhin, sich an den Genossen Erich

- 3 -

Honecker wenden zu wollen, um durch seine Vermittlung Gelegenheit zu finden, seine Sorgen und sein Anliegen dem Genossen Walter Ulbricht vorzutragen.

5. Auf Hinweis und Empfehlung der Kulturabteilung im Zentralkomitee wurde die Reise Wolf Biermanns nach Westdeutschland (2.12.-13.12.64) genehmigt und Genosse Bork hatte vor Reiseantritt ein erneutes Gespräch mit Wolf Biermann, um ihm noch einmal darzulegen, was von uns von seinem Auftreten in Westdeutschland erwartet wird.

6. Zur Vorbereitung seiner Westdeutschland-Tournee fand darüber hinaus ein längeres Gespräch mit dem Genossen Gerhart Schröter und der Genossin Elfriede Schulze im Sektor Kulturelle Arbeit nach Westdeutschland statt.

   Nach Rückkehr fand ein auswertendes Gespräch im Sektor Kulturelle Arbeit nach Westdeutschland statt, in dem eine Reihe anderer Themenkreise berührt wurden (z.B. Schwierigkeiten bei seinem Auftreten im Kabarett "Die Distel", Fragen des Verhältnisses des Künstlers zur Gesellschaft, Fragen "der Unabhängigkeit der Kunst" u.a.). Das auswertende Gespräch zog sich über mehrere Stunden hin.

7. Der Kulturbund beabsichtigte im Februar 1965 im Kreiskulturhaus Pankow eine Veranstaltung mit Wolf Biermann. Darüber fand in der Kulturabteilung ein ausführliches Gespräch mit dem 1. Sekretär der Bezirksleitung des Kulturbundes Berlin, Genossen Lohaus, in Gegenwart des Genossen Bork statt, das damit schloß, dieser Veranstaltung als einer Art Testveranstaltung zuzustimmen.

8. Am 15.2.1965 hatte der Minister, Genosse Bentzien, ein sehr ausführliches Gespräch (Dauer 5 Stunden) mit Wolf Biermann, dem sich

9. am 16.3.1965 ein weiteres, fast ebenso ausführliches Gespräch mit dem Minister anschloß.

   Darüber ging der Kulturabteilung am 24.4.1965 eine ausführliche Information des Ministers zu.

- 4 -

10. Zwischendurch war - im Einverständnis mit Genossen Erich Honecker - Wolf Biermann gestattet worden, einer Einladung des Sozialistischen Deutschen Studentenbundes zu einem Liederabend in Westberlin zu folgen.

11. Einer Einladung der Ostermarschbewegung zur Abschlußkundgebung nach Frankfurt/Main zu folgen, war im Einvernehmen mit der Kulturabteilung und dem Büro des Genossen Prof. Hager durch den Amtierenden Minister, Genossen Bork, zugestimmt worden.

Genosse Bork hatte am 2.4.1965 wiederum im Zusammenhang damit ein längeres Gespräch mit Wolf Biermann, in dem er ihn darauf hinwies, daß sich seine Mitwirkung auf die Abschlußkundgebung in Frankfurt/Main beschränken muß, er sich nicht zu anderen Auftritten mißbrauchen lassen soll und am Ostermarsch selbst nicht teilnehmen dürfe.

In diesem Gespräch wurden u.a. wieder die Frage einer Tournee, die Frage eines Eisler-Abends, das Problem von Verlagsveröffentlichungen und die Herausgabe von Schallplatten berührt.

12. In der 2. Hälfte des Jahres 1965 fand darüber hinaus ein längeres und ausführliches Gespräch des Leiters der Abt. Musik, Genossen Dr. Rackwitz, mit Wolf Biermann statt, das einer Empfehlung des Kollegiums des Ministeriums folgte. Einzelheiten über das Gespräch sind im Moment nicht feststellbar, da Genosse Dr. Rackwitz von einer Reise in die VR China noch nicht zurückgekehrt ist.

13. Zur Situation mit Verlagsveröffentlichungen stellt sich das Bild wie folgt dar:

Vor ca. zwei Jahren oder noch länger zurück fanden Verhandlungen über ein Manuskript Wolf Biermanns mit dem Henschelverlag "Kunst und Gesellschaft, dem Aufbauverlag und dem Eulenspiegelverlag statt. Alle Verhandlungen scheiterten an der Frage der Gesamtrechte.

- 5 -

Im Gespräch mit dem Minister wurde Wolf Biermann abermals angeregt, ein Manuskript dem Aufbauverlag zu übergeben. Genosse Staatssekretär Wendt wies den Aufbauverlag daraufhin an, Entscheidungen über dieses Manuskript nur in Abstimmung mit ihm zu treffen. Wolf Biermann hat ein solches Manuskript nie vorgelegt.

Im Sommer 1965 bot Wolf Biermann dem Henschelverlag "Kunst und Gesellschaft" sein Manuskript "Drahtharfe" zur Veröffentlichung zu einem Zeitpunkt an, als er bereits mit dem Wagenbach-Verlag in Westberlin in Verhandlung stand. Um zu verhindern, daß die in der vorgelegten Auswahl enthaltenen feindlichen Gedichte in der Sammlung des Wagenbach-Verlages erscheinen können, wurde erneut die Frage der Gesamtrechte gestellt, die Biermann wiederum bewegte, sein Manuskript beim Henschelverlag zurückzuziehen.

Dem war vorangegangen, daß Ende 1964 der Henschelverlag in einer Sammlung von Songs u.a. einige Biermann-Titel veröffentlichen wollte. Die HV Verlage und Buchhandel konnte sich der getroffenen Auswahl nicht anschließen und für diesen Titel die Durckgenehmigung erteilen.

14. Im Gespräch mit dem Minister war angeregt worden, dem Ministerium einen Vorschlag für ein Programm vorzulegen, das in der DDR zur Aufführung kommen sollte. Ein solches Programm wurde nicht vorgelegt.

15. Im Gespräch mit dem Minister war angeregt worden, in die Liederabende auch Lieder anderer Autoren einzubeziehen. Wolf Biermann wollte daraufhin ein Hanns-Eisler-Programm vorlegen. Ein solches Programm hat nie vorgelegen.

16. Beim VEB Deutsche Schallplatten wurden am 2. und 3.2.65 sechs Chansons von Biermann für eine Schallplatte produziert. Weitere Titel von Biermann liegen als Umschnitte bei VEB Schallplatte vor. Von einer Produktion wurde im Einvernehmen mit dem Genossen Czerny und der Abt. Musik des Ministeriums

- 6 -

Abstand genommen, nachdem Wolf Biermann die Gespräche mit dem Minister und dem Genossen Bork im Kreise seiner Freunde und Bekannten in entstellender Weise dargestellt und dabei behauptet hätte, daß er dem Minister und seinem Stellvertreter seine Meinung gesagt habe. Die Informationen darüber sind dem Genossen Wagner bekannt.

17. Am 5.10.1965 wnadte sich Wolf Biermann mit dem Antrag an uns, ihm die Mitwirkung an einer Veranstaltung vor westdeutschen VVN-Kameraden am 13. November in Hannover zu gestatten und ihm gleichzeitig die Teilnahme an der Tagung der Gruppe 47 im November in Westberlin zu ermöglichen.

    Der Sektor Westdeutschland teilte Wolf Biermann mit, daß dem Wunsche des Komitees der antifaschistischen Widerstandskämpfer folgend, ein Künstlerensemble am 13. November in Hannover mit einem Programm auftreten wird, das dem Vermächtnis der Opfer des Faschismus gerecht wird, und daß wir eine Teilnahme Biermanns an der Tagung der Gruppe 47 nicht für zweckmäßig halten.

18. Am 6.11.1965 setzte sich Stefan Heym in einem Gespräch mit dem Minister für Wolf Biermann ein, und informierte, daß ein Band mit einem Programm von Wolf Biermann vorliege, das sicher in der DDR zur Aufführung gelangen könnte. Der Minister wurde eingeladen, sich das Band in der Wohnung Stefan Heyms an einem Abend anzuhören. Da der Minister der Einladung nicht folgen konnte, wurde darum gebeten, das Band oder einen Umschnitt davon dem Minister zur Verfügung zu stellen. Dem wurde bis heute nicht entsprochen.

In der Kürze der Zeit ist das alles, was zum Komplex Biermann in gedrängter Form zusammenzutragen war.

Mit sozialistischem Gruß
Starke
Leiter des Büros des Ministers

II. Vorgeschichte: Das Verbot – Vergebliche Versuche zur vollständigen Einbürgerung

Vom 15. bis 18. Dezember 1965 fand die 11. Tagung des Zentralkomitees der SED statt. Auf dem Programm standen eigentlich Probleme des Perspektivplanes bis 1970. In Wirklichkeit war aber das Plenum auf die politische Reglementierung und Disziplinierung des gesamten geistigen Lebens vor dem Hintergrund nationaler und internationaler Prozesse gerichtet. Insbesondere Künstlern und Kulturschaffenden wurde unterstellt, die Bevölkerung, vor allem die Jugend, mit nihilistischen, ausweglosen und moralzersetzenden Philosophien zu vergiften. Erich Honecker formulierte, was Alexander Abusch, Otto Gotsche, Alfred Kurella, Hans Rodenberg in ihrem Denken und Handeln schon weit vor dem 11. Plenum praktiziert hatten, ohne daß sie damit bereits die gesamte Kulturlandschaft treffen konnten.

Erich Honecker: »In ... Kunstwerken gibt es Tendenzen der Verabsolutierung der Widersprüche, der Mißachtung der Dialektik der Entwicklung, konstruierte Konfliktsituationen, die in einen ausgedachten Rahmen gepreßt sind. Die Wahrheit der gesellschaftlichen Entwicklung wird nicht erfaßt. Der schöpferische Charakter der Arbeit der Menschen wird negiert. Dem einzelnen stehen Kollektive und Leiter von Partei und Staat oftmals als kalte und fremde Macht gegenüber. Unsere Wirklichkeit wird nur als schweres opferreiches Durchgangsstadium zu einer illusionären schönen Zukunft ... angesehen. Einige ›Philosophen des Widerspruchs‹ behaupten, sie hätten die Fähigkeit für sich allein gepachtet, Konflikte aufzuspüren und zu verallgemeinern. Sie tun fast so, als könnten die Menschen durch die Popularisierung von Schwierigkeiten leben und satt werden ... Im Namen einer ›abstrakten Wahrheit‹ konzentrieren sich diese Künstler auf die Darstellung von angeblichen Mängeln und Fehlern in der Deutschen Demokratischen Republik ... Wie soll denn eine Ideologie des

›spießbürgerlichen Skeptizismus ohne Ufer‹ den Werktätigen helfen? Den Anhängern dieser Ideologie, die halbanarchistische Lebensgewohnheiten vertreten und sich darin gefallen, viel von ›absoluter Freiheit‹ zu reden, möchten wir ganz offen erklären: Sie irren sich ... Die Orientierung auf die Summierung von Fehlern, Mängeln und Schwächen wird von Kreisen genährt, die daran interessiert sind, gegenüber der Politik der DDR Zweifel zu erwecken und die Ideologie des Skeptizismus zu verbreiten. Zu diesen Kreisen gehört zum Beispiel Wolf Biermann. In einem Gedichtband, der im Westberliner Wagenbach-Verlag erschien, hat Biermann die Maske fallen lassen. Im Namen eines schlecht getarnten spießbürgerlich-anarchistischen Sozialismus richtet er scharfe Angriffe gegen unsere Gesellschaftsordnung und unsere Partei. Mit seinen von gegnerischen Positionen geschriebenen zynischen Versen verrät Biermann nicht nur den Staat, sondern auch Leben und Tod seines von den Faschisten ermordeten Vaters.

Biermann wird systematisch vom Gegner zum Bannerträger einer sogenannten literarischen Opposition der DDR, zur Stimme der ›rebellischen Jugend‹ gemacht. Davon zeugen Sendungen westdeutscher Rundfunkstationen, Berichte in der westdeutschen Presse und Rezensionen zu seinem in Westberlin erschienenen Gedichtband. Biermann wird dort als ein ›äußerst freimütiger und kühner Kritiker des mitteldeutschen Regimes‹ gefeiert. Biermanns sogenannte Gedichte kennzeichnen sein spießbürgerliches, anarchistisches Verhalten, seine Überheblichkeit, seinen Skeptizismus und Zynismus. Biermann verrät heute mit seinen Liedern und Gedichten sozialistische Grundpositionen.«

(Bericht des Politbüros an die 11. Tagung des ZK der SED, Berlin 1969)

Das Urteil über Wolf Biermann war gesprochen. Es bedeutete im Prinzip Berufsverbot.

Heute ist bekannt: Die Ausarbeitungen für das Referat Honekkers kamen so nicht aus der Abteilung Kultur des ZK. Ganz offensichtlich hatte eine Gruppe aus dem Apparat des Zentralkomitees, die die besondere Fürsprache und Unterstützung einer Gruppierung der Zentralen Parteileitung des ZK genoß und in der der Leiter des Büro Ulbricht, Richard Herber, eine nicht unwesentliche Rolle spielte, die Ausarbeitungen vorgenommen.

Der Apparat des ZK war damals schon eine nicht zu unterschätzende Macht. Rückendeckung hatte Honecker auf jeden Fall bei den 1. Sekretären der Bezirksleitungen der SED Berlin und Leipzig, Paul Verner und Paul Fröhlich. Es liegt die Vermutung nahe, daß nach dem Angriff der Gruppe um Honecker gegen die Versuche einer wirtschaftlichen Reformpolitik Ulbrichts ein zweiter Angriff auf den damaligen ersten Mann in der Partei erfolgen sollte, der in seiner Haltung zur künstlerischen Intelligenz und in Zusammenkünften mit Schriftstellern und Künstlern liberale Haltungen kundgetan hatte. So könnte das 11. Plenum neben seiner »Maulkorb«-Funktion auch ein Stellvertreterkrieg gewesen sein.

Und wieder ließ der internationale Protest nicht lange auf sich warten. Doch diesmal hatte die Abteilung Kultur des ZK der SED einen von der Position des 11. Plenums geprägten Standpunkt: »Biermann sollten – bis zu einer klaren und unmißverständlichen öffentlichen Stellungnahme – von den zuständigen staatlichen Stellen keine Auftritts- und Publikationsmöglichkeiten gegeben werden.«

Abschrift

ALLEMAGNE D'AUJOURD'HUI
8, rue Faraday – Paris 17e 20. 12. 65

Revue Francaise d'information
sur l'Allemagne
le directeur politique

Herrn Hans Starke
co Ministerium für Kultur

Sehr geehrter Herr Starke,
dem Rate französischer kommunistischer Freunde folgend, schicke ich Ihnen den Durchschlag eines Briefes an meine alte Freundin Anna Seghers. Sie werden daraus ersehen, daß der Fall Biermann nun im Ausland unter Menschen Aufsehen zu erregen beginnt, die als eine Aufgabe betrachten,

die DDR als sozialistischen Staat zu bejahen, für die aber die Begriffe Sozialismus, Humanismus, Duldsamkeit und Gedankenfreiheit unzertrennbar bleiben sollen. Wolf Biermann ist unbequem, ich weiß es, aber es könnte nur ein Zeichen von Schwäche, nicht von Stärke sein, wenn die DDR mit Wolf Biermann nicht leben könnte.

Empf. Alex. Abusch
Otto Gotsche
Hans Starke
Alf. Kurella
Hen Thost (A. A.)

Mit sozialistischem Gruß
gez. Lusset
Félix LUSSET

Abschrift

Félix LUSSET
108, Avenue Foch
HERBLAY (S.-8-0.)
Tél. 968.22.79

Liebe Anna Seghers,
nochmals ein Brief zum Thema Wolf Biermann. Nach dem Zwischenfall, der mich seinerzeit an Sie schreiben ließ, konnte ich annehmen, daß alles wieder eingerenkt sei, und also nahm ich mein Vorhaben wieder auf, mit einigen Freunden (darunter auch Kommunisten) in Paris einen Biermann-Abend zu veranstalten, um den französischen Germanisten und Studenten diesen jungen Dichter vorzustellen, wie er es längst verdient. Dieser Abend wird wahrscheinlich in einem der großen Hörsäle der Sorbonne stattfinden, und wir werden uns dazu der kürzlich bei PHILIPS herausgegebenen Schallplatte, sowie eines sehr guten Tonbandes, das einer meiner Freunde anläßlich Biermanns Auftreten in Frankfurt aufnehmen konnte, bedienen.

Ich kann Sie nur versichern, daß ein solcher Abend, indem er mit Wolf Biermann bekannt macht, einen für die DDR nur günstigen Eindruck hinterlassen würde; denn wenn auch Biermann findet, daß in der besten der sozialistischen Welten nicht alles zum besten geht, so bleibt dennoch, daß er trotz allem dieses Land gewählt hat, um dort zu leben und dort sein Talent als Volksdichter, das heißt als Dichter des Volkes, zu entfalten.

Für mich steht die Wirkung Biermanns im Ausland zugunsten der DDR außer Frage. Ich habe Wolf Biermann zuerst in Frankfurt im Kreise der Sozialistischen Deutschen Studenten loben hören; und ich habe selbst erlebt, welchen Eindruck er letzten Sommer in Weimar auf die ausländischen Gäste eines Sommerkurses gemacht hat. Die stärkste Überraschung, im positiven Sinne, äußerten damals drei Universitätsprofessoren bzw. Assistenten, ein Engländer, ein Amerikaner und eine Russin, letztere mit ganz besonderer Begeisterung. Und ich kann nur betonen: jeder Erfolg Biermanns war ein Gewinn für die DDR als sozialistischer Staat.

Ich hoffte, in Paris dasselbe Resultat zu erringen. Leider hat sich inzwischen alles geändert. Emmi Biermann, Wolfs Mutter, ruft mich aus Hamburg an, um mir ihre Beunruhigung mitzuteilen und Wolfs Verzweiflung. Zu gleicher Zeit erreichen mich die Artikel des Neuen Deutschlands, auf die man kaum antworten kann, so ungeheuer dumm sind sie, und auch die Stellungnahmen von Heinrich Böll und Peter Weiss, die Klaus Höpcke die Frechheit hat in seinem Artikel vom 5. 12. zusammen mit denen zu zitieren, gegen die »Springers Schlammwerfer ihre Schleusen öffnen« – Wer wird sich aber für Biermann einsetzen, wenn nicht gerade Springers Feinde, die »Pinscher« der Bundesrepublik, und wer freut sich schadenfroh über die Affaire Biermann, wenn nicht die kalten Krieger?

»Und die professionellen Scharfmacher in der Bundesrepublik, die leidenschaftlichen Ritter des kalten Krieges? Sie sind in bester Laune, sie sehen sich durch das Vorgehen der SED wieder einmal in ihren Anschauungen bestätigt.« So Marcel Reich-Ranicki in »Die Zeit« vom 17. 12.

Aber für mich und meine Freunde stellt sich eine Frage: Darf man weiterhin auf einen Staat bauen, der ein sozialistischer Staat sein will – und wir sind nicht böse darüber, daß es ein sozialistisches Deutschland geben kann – der aber zur gleichen Zeit diesem sozialistischen Staat den echt deutschen Charakter eines Polizeistaats gibt, der uns leider nicht **nur** an die preußische Tradition denken läßt ...?

Und mein Biermann-Abend? Werde ich gezwungen sein, Wolf Biermann als einen jungen, talentierten Dichter vorzustellen, aus dem das Land, in dem er sich zu leben entschlossen hat, eben einen »poète maudit«, einen verfemten Dichter, machen will?

Der Biermann-Abend wird stattfinden. Wie ich erfahre, wird es in anderen Ländern Biermann-Kundgebungen geben, in Italien, in Österreich unter anderen. Ihnen ist es vielleicht noch möglich (Ihnen, Anna Seghers, und Dir, DDR), zu bewirken, daß Wolf Biermann die Ehre, nicht aber die Schande seines Landes bedeutet.

Félix LUSSET

Abschrift

An die Redaktion der Zeitung
NEUES DEUTSCHLAND
Mauerstr. 38/40
108 Berlin

Sehr geehrter Herr Höpcke,
ich sende Ihnen hier meine Antwort auf den Offenen Brief von Dr. Girnus an mich. Eine Kopie des Schreibens sende ich gleichzeitig an Herrn Dr. Girnus, und eine an den Präsidenten der Akademie der Künste, Konrad Wolf, zur Kenntnisnahme.

Ich sende das Schreiben zur ungekürzten Veröffentlichung nur an das NEUE DEUTSCHLAND, und ich erwäge keine anderweitige Publikation, bevor es dort erschienen ist. Die Diskussion sollte vor allem **innerhalb** der DDR ausgetragen werden.

Natürlich rechne ich damit, daß mein Schreiben heftige Gegenargumente hervorrufen wird, und ich hoffe es sogar – ich stelle mich auch auf alle, zusammen mit dem Abdruck geäußerten Vorbehalte ein – nur würde es mich sehr enttäuschen, wenn meine Antwort gar nicht erscheinen könnte. In einem solchen Fall bitte ich Sie, mich baldmöglichst zu verständigen, damit ich sie an anderem Ort zur Diskussion stellen kann.

In der Hoffnung auf weitere gute Zusammenarbeit verbleibe ich,

Peter Weiss
Västerlänggatan 44
Stockholm C

mit den besten Grüßen
Ihr
gez. Peter Weiss
28. Dez. 65

Abschrift

An die Redaktion der Zeitung
NEUES DEUTSCHLAND

Offener Brief an Prof. Dr. Wilhelm Girnus

Lieber Wilhelm Girnus,
da das Gespräch, das vom Fall Biermann ausging und sich nunmehr auf Prinzipienfragen über die Funktion der Kunst im Sozialismus erstreckt, in der Öffentlichkeit ausgetragen werden soll, beantworte ich Ihren Brief an mich, im NEUEN DEUTSCHLAND vom 23. Dezember, auch in offener Form.

Zunächst möchte ich auf ein Detail hinweisen: kurze Stellungnahme zum Angriff auf Biermann, mit meiner Solidaritätserklärung für ihn, sandte ich nicht nur an das westdeutsche Presseorgan DIE ZEIT, sondern auch an das NEUE DEUTSCHLAND, zur gleichzeitigen Veröffentlichung. Ich wählte von den bundesdeutschen Zeitschriften die ZEIT, da diese bisher im Zusammenhang mit meiner sozialistischen Stellungnahme eine integre Haltung bewahrt hatte. Im NEUEN DEUTSCHLAND erschien die Erklärung nicht. Sie wurde nur indirekt von Kurt Hager, in der Diskussion auf dem 11. Plenum, und jetzt von Ihnen auszugsweise beantwortet. Hier befinden wir uns schon vor einem der Hauptpunkte, um die es mir geht, und zwar handelt es sich um die bewußt geführte Einseitigkeit und die Verdunkelungsaktionen in der Kulturpolitik. Wogegen wir Autoren, die sich für eine fortschrittliche, humanistische Literatur einsetzen, vor allem reagierten, das war die Art und Weise, in der ein Autor öffentlich angeprangert wurde, ohne sich selbst verteidigen zu können, und ohne daß andere Stimmen zu seiner Verteidigung zugelassen wurden. Er wurde als Volksfeind hingestellt, ohne daß die Bevölkerung die Möglichkeit gehabt hätte, sich von der Rechtmäßigkeit dieser Beschuldigung zu überzeugen, da Biermann ja seine Gedichte, bis auf 4 Ausnahmen in einer Anthologie, in seinem eigenen Land nicht veröffentlichen konnte. In der Diskussion um ihn wurden nur negative Aspekte auf seine Produktion gelegt, und seine Gesamtarbeit außer acht gelassen. Positiv zu bewertende Dinge kamen nicht zur Sprache. Daß Biermann ein unausgeglichener Autor ist, der sich noch in den Anfängen seiner Tätigkeit befindet, ist hier weniger wichtig, interessant wäre es jedoch, zu analysieren, was diesen eigenwilligen Balladensänger dazu treibt, solch bissige Kritik an der Gesellschaft zu üben, in der er lebt, und für deren Grundlagen er absolut einsteht.

Ich befinde mich in einer schwierigen Situation. Einerseits sehe ich, wie unsere Einwände gegen die gegenwärtige Kulturpolitik in der DDR von der westdeutschen Rechtspresse ausgeschlachtet werden, und wie überhaupt der Fall Biermann und die darauf folgenden Angriffe gegen andere Vertreter der Kunst, Literatur, Musik und des Films von der kalten Kriegführung dazu benutzt werden, das Staatsgefüge der DDR in bekannter Weise in Frage zu stellen. Andererseits muß ich, der ich keine Möglichkeit unterlasse, für die positiven Erscheinungen in der DDR einzutreten, nun in eine oppositionelle Stellung geraten in den Fragen der künstlerischen Arbeit, wie sie in der DDR aufgeworfen werden.

Ich gehöre nicht zu den Autoren, die ihre Kunst von ihrem gesellschaftlichen Leben trennen und die der Kunst eine autonome Existenz zusprechen. Auch ich bin, genau wie Sie – und damit möchte ich mich auch an Alexander Abusch wenden – davon überzeugt, daß die größte Qualität der Kunst in ihrer Fähigkeit liegt, in die Wirklichkeit einzugreifen, um diese zu verändern. Eine Kunst, die die Sterilität, die Entfremdung und Absurdität in einem Lebensbereich aufzeigt, ohne gleichzeitig nach einer Alternative zu suchen, hat als Kunst aufgegeben und wird zum Bestandteil ihrer eigenen Negationen. Als einer, der sich von den Anfängen der Persönlichkeitsbildung bis zum heutigen Tag vor allem mit künstlerischen Ausdrucksbestrebungen abgegeben hat, sowohl in der Artikulierung des Worts, als auch in der Malerei, dem Film und der Dramatik, weiß ich jedoch, wie schwer es ist, zwischen den ästhetischen und moralischen Bestandteilen der Kunst Grenzen zu ziehen, und wieviel schwerer noch, den Nützlichkeitsgrad der Kunst festzustellen. Der höchste Maßstab, den ich ansetzen konnte, war der Begriff der »Wahrheit«, doch dabei bin ich mir bewußt, wie sehr sich dieser Begriff im Verlauf meiner Arbeit gewandelt hat, bis ich die für mich gültige Wahrheit erreichte: daß meine Kunst zu nichts dient, wenn sie nicht im Zusammenhang steht mit den Kräften, die heute um eine grundlegende Veränderung ihrer Lebensbedingungen kämpfen.

Auf diesem Weg bestand für mich jedoch immer eine Bedingung: die völlige Freiheit der Kunst, so wie Brecht sie 1951 vor deutschen Schriftstellern und Künstlern forderte, und selbstverständlich auch mit Brechts Einschränkung: Keine Freiheit für Kunstwerke, die den Krieg verherrlichen und den Völkerhaß fördern.

Exemplarisch für mich war immer die sowjetische Kunst während und nach der Revolution: gleichzeitig mit der Umwälzung der gesellschaftlichen Verhältnisse befand sich auch die Kunst, in all ihren Disziplinen, in einem gewaltsamen Aufruhr gegen das Gewohnte und auf einer Suche nach Formen, die der expansiven, dynamischen Lebenshaltung entsprachen. Diese Kunst war untrennbar von der revolutionären Einstellung ihrer Erzeuger, und es war zu sehen, wie damals viele Künstler in den Ländern der Bourgeoisie ihre Übereinstimmung mit dieser Kunst bezeugten, denn diese Kunst drückte zum ersten Mal die Freiheit des Menschen aus, und die Freiheit war der Sozialismus. Lenin selbst hat, soweit mir bekannt ist, in dem gewaltsamen Experimentieren nie etwas

Schädliches für seine Sache gesehen. Die Reaktionen, mit den darauf folgenden Einschränkungen der Kunst, kamen erst später.

Ich verbinde mit dem Begriff des Sozialismus die Ausdrucksfreiheit der Kunst, weil ich im Sozialismus überhaupt erst die Voraussetzung sehe für eine wirklich freie Kunst, d. h. eine Kunst, die sich von der Spekulation, der Kommerzialisierung und dem Dienst an einer herrschenden Klasse losgelöst hat. Daß die Kunst in der sozialistischen Gesellschaft sich bestimmten Geschmacksrichtungen anzupassen hat, ist mir ein fremder Gedankengang, denn das Kunstempfinden ist in allen Kreisen der Gesellschaft, auch in der sozialistischen, verschiedenartig. Einzig und allein eine bestimmte realistische Schreibweise zu fordern, oder eine nach festgesetzten Regeln funktionierende Musik usw., scheint mir eine Unterschätzung des allgemeinen Kunstverstands zu sein. Wie die Wissenschaft braucht auch die Kunst ihre Laboratorien und ihre Experimente, von denen zahlreiche mißglücken, ehe man zu neuen brauchbaren Ergebnissen kommt. Allein das unmittelbar Verständliche, das »Optimistische«, das »Schöne«, das »Heroische« oder das »Nationale« zu fordern, das wäre eine Bändigung, die dem Wesen der Kunst nicht entspricht. So groß auch der Nutzen dieser Kunst ist, und wie hervorragend auch manche Werke dieser Art sind, so zeigt es sich doch immer wieder, wie die Kunst Gefahr läuft, steril zu werden, wenn ihr nur eine einzige Ausdrucksart vorgeschrieben wird. Im übrigen habe ich selbst oft gesehen, wie gerade der Unvoreingenommene, der im Theoretischen wenig Heimische, ein Verständnis für das Neuartige aufbringen kann – wenn er das Bewußtsein in sich wachgehalten hat, daß sein Dasein ständigen Veränderungen unterzogen ist. Ich möchte so weit gehen, zu behaupten, daß gerade in einem Staat, in dem die klassenlose Gesellschaft aufgebaut werden soll, in einem Staat, der sich auf einem Neuland befindet, wo das Unerwartete und Überraschende zum Alltäglichen gehört, eine Offenheit herrschen sollte für die radikalsten künstlerischen Versuche.

Es ist doch so, lieber Wilhelm Girnus; wir haben schon

mehrmals erlebt, wohin eine staatliche Dirigierung der Kunst führt, und wir widersetzen uns heute den Tendenzen in der bürgerlichen Presse, einzelne Autoren, die sozialistische oder stark gesellschaftskritische Aussagen machen, zu diffamieren oder entstellt zu zitieren. Wir können nicht für die Freiheit des Wortes eintreten, ohne diese Freiheit auch dort zu fordern, wo sie absolut zu finden sein müßte: im Sozialismus.

Wir sind nun schon ein wenig von dem Anlaß dieses Briefes abgekommen, nämlich von dem Punkt meiner Solidaritätserklärung mit Wolf Biermann, und Sie werden mir vielleicht antworten: ja, eine fortschrittlich radikale Kunst wollen wir auch, wir wollen uns und unsere bisher geleistete Arbeit nur nicht mit Schmutz bewerfen lassen. Da aber scheint mir ein Untersuchungsverfahren angebracht. Hier ist ein sozialistischer Staat, mit seiner Bevölkerung, in der einige künstlerische Berufe ausüben. Indem die Künstler eines Staates im allgemeinen dem latenten Gedankengut der Gesellschaft Ausdruck geben, kann man sie als repräsentativ für die Kräfte der Gesellschaft rechnen, und ich meine damit sowohl die Stimmen, die sich befürwortend, und die, die sich kritisch oder ablehnend äußern. Ist die Gesellschaft stark und ihrer selbst sicher, und sind die Beweggründe ihrer Entwicklung überzeugend, so ist damit zu rechnen, daß die Bevölkerung, und damit auch die Kunstausübenden, im Einvernehmen mit ihrer Gesellschaft stehen. Ich gehe davon aus, daß die meisten Autoren der DDR, zumindest diejenigen, die ich getroffen habe, ihre Gesellschaftsordnung nicht eintauschen möchten gegen die Eigentums- und Produktionsverhältnisse des anderen deutschen Staates. Trotzdem ist auch bei ihnen Skeptizismus, Zweifel und sogar Pessimismus zu finden. Warum? Sie sind nicht durchsetzt von kapitalistischer Denkungsart. Sie wühlen nicht im Schmerz einer untergehenden Bürgerlichkeit. Was ist los? Warum schreiben sie nicht Kampfgedichte? Was fehlt ihnen? Und da glaube ich, es fehlt ihnen das, was wir sozialistischen Autoren und Künstler in andern westeuropäischen Ländern besitzen, nämlich: der Überblick, der Zugang zu andern Arbeitsergebnissen ringsum, das lebendige Streitgespräch, der Einblick in die Weltliteratur, die Weltkunst, das unbegrenzte Studium, ein Studium, um Neues zu lernen und um Altes zu verwerfen. Die Kunst bei Euch verliert die Vergleichsmöglichkeiten, sie wird provinziell, und mir ist es verständlich, wenn einige, die diese Einengung empfinden, desperat werden und sich, wenn sie dann für ihre Desperation angegriffen werden, immer mehr in eine Feindlichkeit zurückziehen, die sie im Grunde gar nicht wollen.

Natürlich wissen wir, daß diese Einengung nicht nur ein Fehler der DDR ist, sondern daß sie auch auf die Isolierung zurückzuführen ist, in die die westlichen Staaten sie drängen. Natürlich kennen wir die riesigen Anstrengungen, die in diesem, vom Westen nicht anerkannten Staat dazu führten, daß man sich dem übrigen europäischen Niveau annäherte und dies auf manchem sozialen und bildungsmäßigen Gebiet sogar überflügelte. Wir glauben auch, die Argumente zu kennen, mit denen die Staatsführung der DDR niemandem in der Kunst Stimmrecht geben möchte, der nicht mit seiner ganzen Kraft für die gemeinsame Arbeit eintritt, denn diese Führung, im politischen Kampf geschult, kann nur ausgehen von einer einzigen geschlossenen Solidarität. Trotzdem hatten wir (ich glaube, ich darf hier von wir sprechen, weil meine Ansicht mit der Ansicht mancher anderer Sozialistischen übereinstimmt) eine größere Elastizität in der geistigen Auseinandersetzung erwartet. Wir waren der Meinung, daß die ökonomische Stabilisierung, die Konkurrenzsätze der Industrie nun auch dem kulturellen Leben eine Selbstsicherheit verleihen würde, wir sahen Anzeichen dafür, daß in der Kunst jener Spielraum entstehen könnte, aus dem eine Vielfalt, ein Reichtum hervorwächst. Und mit unseren Bemühungen, eine Opinion für die Anerkennung der DDR zu schaffen, unterstützten wir nicht nur einen Staat, der es sich zur Aufgabe macht, den Faschismus und Imperialismus zu bekämpfen, sondern auch einen sozialistischen Staat, in dem jeder einzelne seine Freiheit von alter Bevormundung erlangen soll. Gerade weil Sie in Ihrem Staat schon so weit gekommen sind, können auch wir jetzt Forderungen an Sie stellen, denn für unsere Arbeit, außerhalb Ihrer Grenzen, ist die geistige Übereinstimmung von außerordentlichem Gewicht.

Und da glaube ich nun doch, lieber Wilhelm Girnus, daß wir an ein Generationsproblem rühren müssen. Sie kennen meine Hochachtung vor der Generation, die den Kampf gegen Hitler durchlitt, und deren Überlebende den Sozialismus in Ihrem Land begründeten. Sie wissen auch, wie wichtig es für mich ist, diesen Kampf zu dokumentieren und nie in Vergessenheit geraten zu lassen. Trotzdem leben wir heute auch mit einer anderen Generation, die neue Bedingungen sieht und nicht nur das Märtyrertum und Heldentum ihrer Väter tragen möchte. Zwischen ihnen sind genau die gleichen überzeugten Marxisten-Leninisten zu finden, wie in Ihren Reihen, doch neben den Kenntnissen der Lehrmeister wollen sie ihrer Zeit etwas Neues hinzufügen. Wir, die wir aus der autoritären Erziehung der Bourgeoisie hervorgegangen sind, und danach den nazistischen Irrsinn des Übermenschentums hassen lernten, ziehen heute eine Generosität vor, und in unseren Schulen wünschen wir Lehrer ohne Zuchtruten und moralische Drohungen. Ich finde es beschämend, daß man Biermann gleichsam für den Tod seines Vaters verantwortlich macht, ich kann in einer solchen Beschuldigung nichts Dialektisches sehen, sondern nur den Auswuchs eines Christentums, das dem Menschen ständig das Bild des Gekreuzigten zur Demütigung vor Augen halten will.

Lieber Herr Girnus, und ich hoffe, in diesem Brief an Sie auch viele andere ansprechen zu können, mit denen ich glaube, in Zusammenarbeit zu stehen: lehnen Sie es nicht als Revisionismus ab, wenn ich der Meinung bin, Sie sollten Einiges in Ihrer Kulturpolitik revidieren. Ich bin überzeugt, daß das, was Sie so erschreckt, und gegen das Sie nun mit solcher Härte glauben vorgehen zu müssen, nichts anderes ist als das Resultat einer entstandenen Unfreiheit. Ein Biermann brauchte nicht schief aus dem Kollektiv herauszufallen, wenn man sich darauf besänne, daß das Kollektiv letzten Endes aus einzelnen besteht, und daß es zwischen den einzelnen auch Abweichende geben muß. Betrachtet die Kunst nicht so idealistisch! Gebt ihr den Spielraum, den sie braucht, und den sie auch in andern sozialistischen Ländern hat. Biermann ist überdimensioniert worden, und ich hoffe nur, daß er soviel Robustheit aufbringt, um auf seine Füße zurückzufallen. Laßt Biermann singen, ärgert Euch über ihn, und macht es besser!

Peter Weiss
Västerlänggatan 44
Stockholm C

Mit guten Wünschen für das Neue Jahr, Ihr
gez. Peter Weiss
Stockholm, den 28. Dez. 1965

Abteilung Kultur (des ZK der SED) Berlin, den 3. 1. 1966

Entwurf einer Konzeption
zur Weiterführung der Auseinandersetzung mit Erscheinungen des Skeptizismus, der Unmoral, der unhistorischen und unkünstlerischen Darstellung der Entwicklung in der DDR sowie des Angriffs auf die Kulturpolitik der Partei und Regierung durch einzelne Schriftsteller in verschiedenen Kunstwerken und in einzelnen öffentlichen Stellungnahmen.

I. Zu **Wolf Biermann:**

Die bisherigen schriftlichen und mündlichen Stellungnahmen und die Diskussionen unter Schriftstellern der DDR, in der Parteigruppe des Vorstandes des DSV und einige Stellungnahmen westlicher Schriftsteller sowie des Schutzverbandes Deutscher Autoren in Westberlin lassen erkennen:

a) Eine große Anzahl von Schriftstellern unserer Republik verurteilen die anmaßende und freche Art, in der Biermann sich in einigen seiner Gedichte und Lieder gegen unsere Partei und gegen unseren Staat äußert.

b) Einem Großteil unserer Schriftsteller (vor allem außerhalb von Berlin) sind die in der Presse kritisierten und zu verurteilenden Gedichte Biermanns sowie die über ihn in westdeutschen Zeitungen und Zeitschriften erschienenen Artikel gar nicht oder nur in den Auszügen bekannt, wie sie bei uns wiedergegeben wurden. Daher gibt es bei diesem Teil der Schriftsteller z. T. Zurückhaltung und Unsicherheit. Sie sind andererseits erbost, wenn sie hören, welche Kraft, Zeit und Geduld von verschiedenen Stellen aufgebracht wurde, um mit Biermann ins reine zu kommen.

c) Einzelne westdeutsche Autoren, Peter Weiss und auch einige Autoren der DDR (u. a. Bernd Jentzsch, Rainer und Sarah Kirsch, Günter Kunert und auch ein anonymer Briefschreiber – vgl. Brief an Klaus Höpcke –) kritisieren nicht die besagten Gedichte von Wolf Biermann, auch nicht sein unwürdiges Auftreten in westlichen Zeitungen und in der Öffentlichkeit überhaupt, sondern den Ton des Genossen Höpcke im ND am 5. 12. 1965. Im Gegenteil – sie halten für völlig legitim, daß gerade im sozialistischen Staat die »Freiheit« des Wortes gegeben und ein solches Recht dem Schriftsteller verbucht ist, auch **gegen** die Auffassungen der Partei und der Regierung öffentlich aufzutreten.

d) Das Deutsche PEN-Zentrum Ost und West, dessen Mitglied Biermann seit etwas über einem halben Jahr ist (er wurde vom Genossen Stephan Hermlin vorgeschlagen, von ihm vorgestellt und mit einer Stimme Mehrheit vom Präsidium des PEN aufgenommen), hat sich einer öffentlichen Stellungnahme bisher enthalten, wogegen das Sekretariat des DSV für Biermann schon vor längerer Zeit Hausverbot erlassen und unterbunden hat, daß Biermann in Veranstaltungen des DSV auftritt.

e) Es gibt Anzeichen dafür, daß bei einer scharfen administrativen Maßnahme staatlicher Organe der DDR eine internationale Protestwelle von Gegnern der DDR organisiert wird. Es gibt jetzt bereits schriftliche Proteste von verschiedenen westlichen Institutionen und Einzelpersönlichkeiten zum Artikel von Klaus Höpcke und zur damaligen kurzen Verhaftung Biermanns während einer Veranstaltung der »Woche des Buches« in Berlin.

Angesichts dieser Situation sollte folgende Linie in Zukunft gut ausgearbeitet und durchgesetzt werden:

1. In allen Diskussionen mit und um Biermann muß mit aller

Deutlichkeit seine bisherige künstlerische Arbeit differenziert betrachtet und bewertet werden.
Seine schädlichen Machwerke sind nicht nur vom politisch-ideologischen, sondern auch vom künstlerisch-ästhetischen Standpunkt gründlich zu analysieren und dadurch nicht nur die politische Position Biermanns, sondern auch sein in diesen Fällen absolut nicht vorhandenes oder aber mißbrauchtes künstlerisches Talent entlarvt wird.
Die Auffassung, daß ein Künstler oder Schriftsteller das Recht hat, gegen Partei und Regierung aufzutreten, muß noch entschiedener verurteilt werden. Es ist deutlicher darauf hingewiesen worden, daß eine solche These unvereinbar ist mit der immer wieder geäußerten Aufforderung der Partei an die Künstler und Schriftsteller unserer Republik, durch neue Kunstwerke bei der Aufdeckung und Überwindung von Konflikten und noch vorhandenen Widersprüchen in unserer gesellschaftlichen Entwicklung mit den der Kunst eigenen Mitteln zu helfen.
Die Positionen, auf die sich Wolf Biermann selbst begeben hat, wurden vom 11. Plenum eindeutig dargelegt. Jetzt kommt es darauf an, keine Verwischung der Standpunkte zuzulassen. Das Argument einzelner, vor allem westlicher Autoren, Biermann sei dennoch ein »kommunistischer« Liedersänger und Dichter, ist gründlicher zu widerlegen. Seine Haltung ist mit der eines Kommunisten unvereinbar.

2. Nach einer gründlichen Diskussion mit einigen Genossen des Deutschen PEN-Zentrums Ost und West sollte erreicht werden, daß Biermann aus dem PEN-Zentrum ausgeschlossen wird, weil er durch einige unhumanistische und unkünstlerische Machwerke sich nicht würdig erwies, durch die Mitgliedschaft des PEN ausgezeichnet zu werden. Er hat sich auch außerhalb der PEN-Charta gestellt, denn in einzelnen Gedichten verstieß er gegen Frieden und Humanismus.
Zur Vorbereitung dieses Schrittes sollte folgendermaßen verfahren werden:
a) Genosse Alexander Abusch, selbst Mitglied des PEN, führt ein persönliches Gespräch mit dem Präsidenten

des Deutschen PEN-Zentrums Ost und West, Prof. Dr. Arnold Zweig.

Termin: 15. 1.

b) Der Vizepräsident des PEN-Zentrums und der Generalsekretär, Gen. Prof. Dr. Heinz Kamnitzer und Genn. Ingeborg Kretzschmar, werden beauftragt, bis zum 7. Januar eine Konzeption für das Vorgehen im Präsidium des PEN auszuarbeiten und der Kulturabteilung vorzulegen.
c) Die Genossen des PEN-Zentrums Ost und West beraten und beschließen in einer zu diesem Zwecke eigens einzuberufenden Parteigruppenversammlung das einheitliche Vorgehen in den Angelegenheiten der PEN-Mitglieder Biermann und Heym.

3. Der von Peter Weiß an Genossen Prof. Dr. Wilhelm Girnus gerichtete Offene Brief (Antwortbrief) sollte mit einer anschließenden offenen und sachlichen Stellungnahme der Chefredaktion des ND zu diesem Antwortbrief veröffentlicht werden, damit Peter Weiß sieht, daß wir es offen und ehrlich meinen mit der Reinheit der deutschen Kultur und der Sauberkeit der deutschen Sprache, daß es uns nicht um die physische Vernichtung von Biermann, sondern um die konsequente Verteidigung der Partei und der sozialistischen Gesellschaft geht.
4. Biermann sollte – bis zu einer klaren und unmißverständlichen öffentlichen Stellungnahme – von den zuständigen staatlichen Stellen keine Auftritts- und Publikationsmöglichkeit gegeben werden.

In einer Erklärung des Präsidiums des Parteivorstandes der PDS vom Juli 1990 heißt es:

»Diese ZK-Tagung hat ein Scherbengericht veranstaltet, an dem die Kunst und viele Künstler lange Zeit – und manche bis in die Gegenwart – gelitten haben. Den Auftakt dazu gab der Bericht des Politbüros ... Mit Hinweis auf einzelne kriminelle Handlungen und Erscheinungen von Rowdytum wurden Filme, Theaterstücke, literarische Werke, Fernsehsendungen, populäre Musikeinrichtungen und Zeitschriften massiv angegriffen. Künstlern und Kulturschaffenden wurde unterstellt,

die Bevölkerung ... zu vergiften ... Der rüde Umgang mit der künstlerischen Intelligenz war in seiner Würdelosigkeit und beschämenden Unkultur zugleich Ausdruck der politischen Unsicherheit und Ratlosigkeit der damaligen Führung – ihrer Wut auf Standpunkte und Kunstwerke, die sehr zeitgemäß sozialistischen Idealen verpflichtet waren und leidenschaftlich jeglicher Borniertheit sowie dem Dogmatismus und Sektierertum den Kampf ansagten. Das 11. Plenum war ein stalinistischer Kristallisationspunkt der Intellektuellenfeindlichkeit und des tiefen Mißtrauens gegenüber Künstlern.«
(»Neues Deutschland«, 13. 6. 1990)

Bereits ein halbes Jahr nach dem 11. Plenum tauchte zum ersten Mal in offiziellen Dokumenten der Gedanke auf, daß Biermann eigentlich in Berlin unerwünscht sei.

Abschrift

Am 3. 5. 1966 konnte endlich das Gespräch mit Wolf Biermann stattfinden, da er sich auf unsere Einladung, im Monat März die Hauptverwaltung aufzusuchen, vorher nicht eingelassen hat, er ist außerhalb Berlins gewesen.

Das Gespräch hatte die Aufgabe, Informationen zu erhalten über seine schriftstellerischen Arbeiten und seine weiteren Absichten, beruflich tätig zu sein. Zu diesen beiden Hauptpunkten hat sich aus dem über zwei Stunden dauernden Gespräch keine Klärung ergeben. Biermann hat es vermieden, eindeutig zu sagen, woran er arbeitet, hat es offengelassen, ob er zur Zeit hauptsächlich an »Deutschland – ein Wintermärchen« schreibt und hat sich lediglich in Allgemeinplätzen über seine materielle Lage ausgelassen (er lebe nicht im Überfluß, aber er habe zu leben). Das Gespräch ergab ferner, daß er auf Grund des 11. Plenums gegenüber der Parteiführung eine nur mit Haß zu bezeichnende Einstellung hat. (Die Parteiführung habe nicht das Vertrauen der Massen, mißachte ihren Willen, unterbinde das Bekanntmachen von Fehlern und Mängeln, habe ihn der Reaktion in Westdeutschland erst durch ihre Kritik interessant gemacht usw.). Seine durch das 11. Plenum hervorgerufene Situation bezeichnete er als unerträglich und machte den Zusatz: natürlich könnte er noch mehr ertragen. Von mir auf seinen Märtyrertick hingewiesen, sagte er, er sei kein Masochist.

Offensichtlich durch Heym informiert, gab er die Erklärung ab, daß er zur Zeit keine Absicht habe, in Westdeutschland zu publizieren. Diese Erklärung habe ich zurückgewiesen mit dem Hinweis, daß es inzwischen gesetzliche Bestimmungen gibt, an die er sich wohl werde halten müssen, wenn er – wie er im Gespräch betont hatte – darauf Wert legt, in der DDR zu leben, keine Möglichkeit sehe, woanders als in der DDR zu leben und auch zur DDR Bindungen, die er mit Liebe auch bezeichnete – besitze. Seine Antwort aber auf diese Zurückweisung war, daß er, wenn er es für politisch geboten halte, auch weiterhin in Westdeutschland zu publizieren gedenke.

Im Gespräch spielte der Dialog mit der SPD eine bestimmte Rolle. Natürlich hat Wolf Biermann nicht akzeptiert, daß er uns mit der »Drahtharfe« in den Rücken gefallen ist. Von dieser Fragestellung versuchte er abzulenken mit dem Hinweis auf sein Auftreten bei Ostermärschen in Westdeutschland und die Anerkennung, die er bei linken Kreisen durch dieses Auftreten erhielt.

In diesem Zusammenhang distanzierte er sich eigenartigerweise von Neuss, den er als Anarchist abtat. Von mir darauf hingewiesen, daß Partei und Regierung es nicht zulassen werden, daß der Gegner Schützenhilfe bei dem Dialog mit der SPD dadurch erhalte, daß einige Leute hinter unserem Rücken anfangen, zu agieren, war er des Lobes voll für den Dialog und für die Veröffentlichung des Briefwechsels.

Um ihn zu stellen, habe ich ihn auf solche konterrevolutionären Aktionen im Rücken der kämpfenden Arbeiterklasse aufmerksam gemacht, wie den POUM-Putsch in Barcelona. Seine Reaktion daraufhin war: Nicht die POUM, sondern Stalin ist der Front in den Rücken gefallen. In diesem Zusammenhang fiel im Gespräch auch der Name Trotzki, worauf er emphatisch reagierte und ihn als einen großen Revolutionär hinstellte, der nicht vergleichbar wäre mit den sozialdemokratischen Führern Brandt und Wehner.

Mein zusammenfassender Eindruck ist, daß B. das Gespräch abwartend, ständig auf der Lauer liegend, nicht offen und ehrlich führte. Die Vertreter des Staates sind dazu da, irregeführt zu werden, da unser Staat für ihn der Exponent von Kräften ist, mit denen er sich nicht identifizieren will oder kann (die bevorstehende Veröffentlichung von Kindergeschichten im Middelhouve-Verlag in Westdeutschland erwähnte er mit keinem Wort).

Ferner wurde aus dem Gespräch ersichtlich, daß er weder die Absicht hat, sich mit uns wegen seiner künftigen Publikationen in Verbindung zu setzen, noch bereit ist, Anregungen für eine Arbeit in einem Betrieb – sei es Produktionsbetrieb oder kulturelle Einrichtung – anzunehmen. Er möchte offensichtlich sein Leben hier in Berlin so fortsetzen, wie er es im letzten Jahr geführt hat, wobei er mir gegenüber erklärte, daß er in erster Linie Sänger und kein Schriftsteller sei, und daß er sehr darunter leide, nicht auftreten zu können. Auf meinen Hinweis, daß wir einen gespaltenen Biermann (schizophren) nicht auftreten lassen könnten, reagierte er nicht.

Das Gespräch wurde von mir damit beendet, daß ich ihm sagte, wir ständen ihm zur Verfügung, wenn er die Absicht habe, hier zu publizieren (er betonte wiederholt, er habe seine Sprache und Schreibweise noch nicht gefunden. Er schreibe erst seit ca. 5 Jahren und manches würde er heute anders schreiben bzw. gestalten) oder die Absicht habe, eine geregelte Arbeit, ganz gleich auf welchem Gebiet, in der DDR aufzunehmen. Er könnte mich dann anrufen, um darüber mit mir jederzeit zu sprechen.

Mein zusammenfassender Eindruck ist, daß es nicht ratsam ist, B. in Berlin ohne feste Arbeit weiter zu belassen, weil seine tiefe Ablehnung, ja Feindschaft, gegen Partei und Staat sehr spürbar ist, daß er sich in Berlin jederzeit mit westdeutschen und ausländischen Besuchern, die ihm von den Kreisen, in denen er lebt und in denen er Ansehen genießt, zugeführt werden, gegen uns verbinden wird, um wenigstens von sich Reden zu machen. Nach Klärung dieser

Frage halte ich es für notwendig, festzustellen, welcher geordneten Arbeit er bereit ist nachzugehen bzw. mit welchen unserem Staat zur Verfügung stehenden Mitteln es zu erreichen ist, ihn in ein geordnetes Arbeitsverhältnis zu bringen. Belassen wir ihn in Berlin, in seiner jetzigen Lage, so wird er immer ein Sammelpunkt von »Verehrern« sowie unzufriedener und in Opposition machender Kräfte, die ihn auch ausnutzen werden, sein.

Ihn durch Gespräche und regelmäßige Kontakte für eine positive Haltung zu gewinnen, halte ich – auf Grund des geführten Gespräches – zur Zeit nicht für gegeben.

Berlin, den 10.5.1966 H a i d
Leiter der Hauptverwaltung
(des Ministeriums für Kultur)

Genossen
Prof. Kurt Hager 21.6.66

Lieber Genosse Hager!
Vor einigen Tagen hatten wir eine gemeinsame Beratung mit verantwortlichen Genossen des Deutschen Schriftstellerverbandes, des Ministeriums für Kultur und der Bezirksleitung Berlin unserer Partei. Der Beratungsgegenstand war der weitere Weg der Auseinandersetzung mit Heym, Biermann und Bieler.

Was Biermann anbetrifft, so waren alle Teilnehmer der Auffassung, daß Biermann, der bei dem letztlich geführten Gespräch im Ministerium für Kultur (beim Genossen Bruno Haid) keinerlei Anzeichen einer Einsicht und Änderung seiner Haltung bewies, nicht länger in Berlin bleiben dürfte. Der Gedanke wurde dadurch noch erhärtet, daß Biermann sich von irgendwelchen Leuten auch finanziell aushalten läßt, denn er hat keinerlei persönliches Einkommen.

Eine Rückfrage von uns bei unserer Abteilung Staat und Recht ergab, daß es für eine Ausweisung Biermanns aus Berlin ausreichend rechtliche Gründe gibt.

Durch eine Ausweisung aus Berlin wäre Biermann den direkten Einflüssen westdeutscher und ausländischer Besucher, die sich legal in der Hauptstadt der DDR aufhalten können, weitgehend entzogen.

Den Antrag bei dem zuständigen Staatsanwalt im Stadtbezirk, wo Biermann z. Zt. wohnt, sollte das Ministerium für Kultur, HV Verlage, stellen.

Die Genossen der Abteilung Staat und Recht würden vermittelnd unterstützen.

Wir bitten um Deine Meinung zu diesem Vorschlag.

Mit sozialistischem Gruß
/S. Wagner/
Abteilungsleiter
(Kultur des ZK der SED)

Im Ergebnis des 11. Plenums wurden viele, die im kulturellen Bereich Verantwortung trugen, gemaßregelt und verloren ihre Arbeit. So unter anderem Heinz Baumert, Hans Bentzien, Werner Kühn, Christiane Mückenberger, Jochen Mückenberger, Siegfried Wagner, Klaus Wischnewski und Günter Witt. Daß an die Stelle des Kulturministers Hans Bentzien der Verleger Klaus Gysi trat, muß aus heutiger Sicht überraschen, war doch dieser gerade wegen seiner liberalen und toleranten Haltung gegenüber Schriftstellern und Künstlern bekannt geworden. Eine »harte Parteilinie« war von ihm auf keinen Fall zu erwarten. Der neue Leiter der Abteilung Kultur des Zentralkomitees, Arno Hochmuth, war im kulturellen Leben kaum bekannt und wurde offensichtlich von der Abteilung Wissenschaften protegiert.

Es kann allerdings auch sein, daß die Verursacher des Scherbengerichtes schnell den angerichteten Schaden begriffen hatten und einlenken wollten. Sie hatten ja eines ihrer Ziele, Ulbricht einen Denkzettel zu verpassen, im Prinzip erreicht.

Um Biermann wurde es in den Jahren nach dem 11. Plenum recht ruhig, er spielte im öffentlichen Leben kaum eine Rolle, konzentrierte sich auf Bücher- und Schallplattenproduktionen.

Mit dem Machtwechsel von Walter Ulbricht auf Erich Honecker im Frühjahr 1971 und dem Kulturplenum des ZK der SED vom Sommer 1972 gab es auch erste, bescheidene Anzeichen toleranterer Haltungen der Partei- und Staatsführung gegenüber Wolf Biermann. Auftritte im westdeutschen Fernsehen, wie im Juni 1972 im ZDF, längere Interviews wie mit dem »Spiegel« im Oktober 1973, eine Schallplattenproduktion mit dem amerikanischen Plattenkonzern CBS »Warte nicht auf bessere Zeiten« im gleichen Jahr, wurden zur Kenntnis genommen, ohne das daraus Repressalien erwuchsen. Auf der internationalen Pressekonferenz zur Leipziger Buchmesse im Frühjahr 1973 lud Erik Neutsch sicher nicht ohne Abstimmung und Auftrag Wolf Biermann zur Mitarbeit an einer Anthologie über Chile im Mitteldeutschen Verlag ein. Das waren neue Töne nach dem Berufsverbot seit 1965.

Auftritte oder Reisen ins Ausland allerdings standen nicht zur Diskussion.

Das mußte Wolf Biermann u. a. bei Einladungen zur Entgegennahme des Jacques-Offenbach-Preises der Stadt Köln 1974 und zu einer Anti-Franco-Veranstaltung im Oktober 1975 in Frankfurt/Main zur Kenntnis nehmen.

STADT KÖLN

DER OBERSTADTDIREKTOR

Postanschrift: Stadt Köln · 5 Köln 1 · Postfach

Herrn
Kultusminister Hoffmann
X 1 Berlin (Ost)
Kultusministerium

Ministerium für Kultur
Büro des Ministers
Eing. 5. APR. 1974
1199

Dienststelle
Kulturdezernat
Kolumbastr. 5

Sachbearbeiter

Zimmer

Fernsprecher 2212322

Datum und Zeichen Ihres Schreibens

Mein Zeichen
VIII
(Bei Antwort bitte angeben)

Datum
14.3.1974

Betrifft:

Sehr geehrter Herr Minister,

Die Stadt Köln hat anläßlich des 150. Geburtstages von Jacques Offenbach einen nach dem Zeitkritiker und Komponisten benannten Preis gestiftet. Für das Jahr 1973 ist der Preis dem in Ostberlin lebenden Herrn Wolf Biermann verliehen worden.

Die Stadt Köln würde sich sehr freuen, wenn Herr Biermann den Preis am Geburtstag Offenbachs, nämlich dem 20. Juni, persönlich in Empfang nehmen könnte. Herrn Biermann ist inzwischen auch eine offizielle Einladung übermittelt worden.

Ich möchte Sie, sehr geehrter Herr Minister, herzlich bitten, Herrn Biermann zu gestatten, diese Auszeichnung, die mit einer Dotierung von 20.000,- DM verbunden ist, anzunehmen und ihm zu dem genannten Zeitpunkt eine Reise nach Köln zu genehmigen.

Mit dem Ausdruck meiner vorzüglichen Hochachtung

In Vertretung:

Hackenberg

(Dr. Hackenberg)
Beigeordneter

Konten der Stadtkasse: Sparkasse der Stadt Köln Nr. 9302951 · Postscheckkonto Köln Nr. 3546 · Landeszentralbank Köln Nr. 37001700 · Telex: 8882988

Ministerium für Kultur
Büro des Ministers
Eing. 8. MAI 1974
1653

112361 reg dd
92b bln tel dd
zczc 2007
koeln/tf 45 7 1705

an den kultusminister der ddr
herrn hans joachim hoffmann
berlin

sehr geehrter herr minister
ich bitte sie im namen zahlreicher mitglieder des pen clubs wolf biermann die ausreise zur entgegennahme des offenbach preises der stadt koeln zu ermoeglichen
heinrich boell praesident des internationalen pen club

2020 nnnn
112361 reg dd
92b bln tel dd
t

Wolf Biermann
104 BERLIN
Chausseestr. 131

Berlin, den 17. Mai 74

An das Ministerium für Kultur
Abteilung: Reisestelle
BERLIN 2
Molkenmarkt 1–2

Betrifft: Genehmigung einer Reise nach Köln

Mir ist der Jacques-Offenbach-Preis der Stadt Köln zugesprochen worden. Ich habe den Preis angenommen und würde gern, anläßlich der Preisverleihung am 20. Juni, dem Geburtstag Offenbachs, nach Köln fahren. Ich habe die Absicht, meine Reise am 17. Juni anzutreten und möchte zwei Wochen später, am 30. Juni wieder in die DDR einreisen.

Ich bitte Sie, mir bei der Erlangung eines Visums für diesen Zeitraum bei den dafür zuständigen Stellen des Innenministeriums behilflich zu sein.

Mit freundlichen Grüßen
Wolf Biermann

Antrag auf wiederholte dienstliche Auslandsreisen
Bearb.-Nr.

Antrag auf wiederholte dienstliche Auslandsreisen Bearb.-Nr.	Beantragende Dienststelle	Zentrale Dienststelle	MdI	MfAA

Familienname Biermann (auch Geburtsname) — Vorname Wolf
Geburtstag und -ort 15. 11. 36 Hamburg — Staatsbürgerschaft DDR
Wohnanschrift 104 Berlin, Chausseestr. 131 — Kreis
Dienststellung freischaffend, Schriftsteller — Gehaltsgruppe
Wo beschäftigt (mit genauer Anschrift des Betriebes)
Wann und wohin erfolgte die letzte ~~dienstliche~~ Auslandsreise BRD 1973 (sozialistisches Ausland/nichtsozialistisches Ausland)
Nr. des Passes der DDR 3755398 — Nr. des PA der DDR XV 0048315

Einmalige-~~zweimalige-mehrmalige~~*)
Reise nach BRD (Land) — Köln und Hamburg (Welche Orte und Institutionen sollen besucht werden?)
Reisegrund Entgegennahme des J.-Offenbach-Preises der Stadt Köln
Ausreisetermin 17. Juni 74 — **Dauer des Aufenthaltes** vom 17. Juni 74 bis 30. Juni 74
KPP-Ausreise Schwanheide — Einreise Schwanheide — Verkehrsmittel Bahn (bei Kfz. Nr. angeben)

Valutanachweis — Arbeitsplan bestätigt, Reiseanträge bis lfd. Nr. — **befürwortet:**

1 Datum — 2 Datum — 3 Datum — 4 Datum

*) Nichtzutreffendes streichen

Folgende Erklärung ist Herrn Biermann durch den Staatssekretär des Ministeriums für Kultur, Gen. Löffler, mündlich vorzutragen:

Ich teile Ihnen mit, daß Ihr Antrag auf Ausreise zur Entgegennahme des Offenbach-Preises der Stadt Köln nicht genehmigt wird.

Seit Jahren verleumden Sie in Gedichten und politischen Erklärungen gegenüber der Presse kapitalistischer Länder in gehässiger Weise den realen Sozialismus in der DDR und anderen sozialistischen Ländern, die Politik der Partei der Arbeiterklasse und ihre führenden Repräsentanten sowie den Kampf der kommunistischen und Arbeiterparteien.

Die imperialistische Propaganda wurde von Ihnen für ihre antikommunistische Hetze reichlich mit Material versorgt. Dafür sollen Sie nunmehr offensichtlich mit einem Preis einer Institution der BRD belohnt werden.

Sie können nicht erwarten, daß die staatlichen Organe der DDR Ihnen aus diesem Anlaß eine Ausreise-Genehmigung erteilen.

Sollten Sie jedoch den Wunsch haben, Ihren Wohnsitz zu wechseln und wieder in die BRD zurückzukehren, so steht dem nichts im Wege.

Sie werden die erforderliche Ausreise-Genehmigung und die Entlassung aus der Staatsbürgerschaft der DDR ohne Umstände erhalten.

Ministerium für Kultur — Berlin, 23. Mai 1974
Der Staatssekretär

Aktennotiz

Am 23. Mai 1974 wurde Herrn Biermann im Beisein von Genossen Dr. Walter Jäger, wissenschaftlicher Mitarbeiter beim Staatssekretär, mündlich die Ablehnung seines Antrages auf Ausreise zur Entgegennahme des »Offenbach-Preises« der Stadt Köln vorgetragen.

B. konnte beim Vortrag der Erklärung seine Überraschung nicht verbergen. Er erklärte spontan, daß er die DDR nicht verlassen werde, da das für ihn und auf lange Sicht für die DDR ein politischer Fehler sei. Seine Übersiedelung in die DDR wäre seine bisher beste politische Handlung gewesen.

Eine Antwort von mir erfolgte nicht. Ein Gespräch habe ich zum gegebenen Zeitpunkt abgelehnt.

Beginn der Abgabe der Erklärung: 15.05 Uhr
Beendigung des Aufenthaltes von Biermann: 15.09 Uhr.

Kurt Löffler

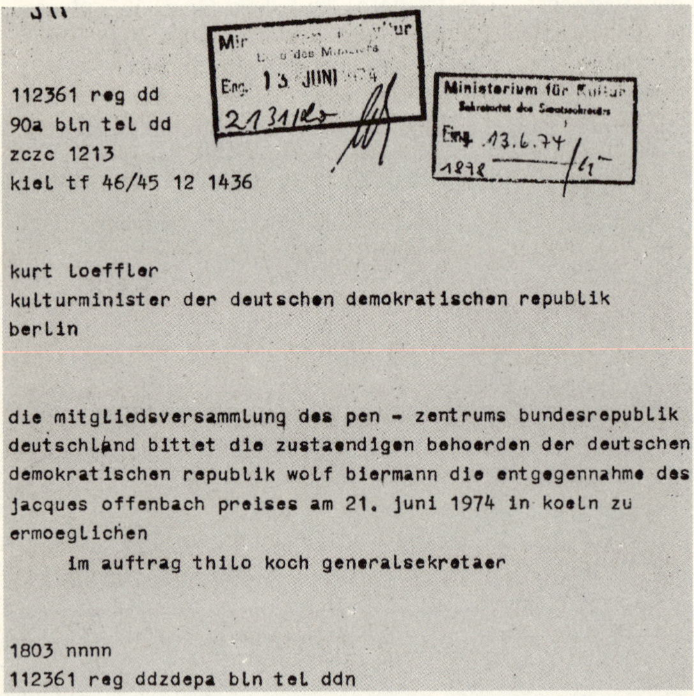

Ministerium für Kultur
Sekretariat des Staatssekretärs
Eing. 13.6.74

112361 reg dd
90a bln tel dd
zczc 1213
kiel tf 46/45 12 1436

kurt loeffler
kulturminister der deutschen demokratischen republik
berlin

die mitgliedsversammlung des pen - zentrums bundesrepublik deutschland bittet die zustaendigen behoerden der deutschen demokratischen republik wolf biermann die entgegennahme des jacques offenbach preises am 21. juni 1974 in koeln zu ermoeglichen

im auftrag thilo koch generalsekretaer

1803 nnnn
112361 reg ddzdepa bln tel ddn

Obwohl der Minister für Kultur die Reise Wolf Biermanns nach Frankfurt/Main genehmigt hatte, kam sie nicht zustande. Wer hier das letzte Wort sprach, ist nicht bekannt. Makaber allerdings ist, daß ein Mitarbeiter des Ministeriums für Kultur letztendlich Wolf Biermann mitteilen mußte, daß die Reise nicht möglich ist.

JAKOB MONETA

6000 Frankfurt a. M.-Ginnheim
An den Drei Brunnen 31

14. 9. 75

Lieber Wolf Biermann,

In der Anlage findest Du eine Einladung zu einer Veranstaltung, die als Protest-Kundgebung gegen die Todesurteile in Spanien geplant ist. Es wäre wichtig, wenn Du daran teilnehmen würdest, denn diese Todesurteile finden ein größeres Echo auch in Gewerkschaftskreisen. Glaubst Du, dass Du Dich hierfür freimachen könntest? Ich freue mich auf jeden Fall, Dich wiederzusehen.

Mit freundschaftlichen Grüßen

Jakob Moneta

Solidaritätskomitee
für die spanischen
Antifaschisten
c/o Club Voltaire
Kleine Hochstrasse 5
Frankfurt am Main

Frankfurt/M. 7. Sept. 75

Lieber Genosse Biermann!
Fast vierzig Jahre ist es her, daß in Spanien die Faschisten – mit Unterstützung der deutschen Nazis – den Bürgerkrieg für sich entschieden und eine grausame Diktatur errichteten. Diese Diktatur bedeutete für das spanische Volk: Verlust demokratischer und gewerkschaftlicher Rechte; Ausbau eines brutalen Repressionsapparates, willkürliche Verhaftungen, Folter, Morde, Hinrichtungen; weiter: völlige Blockierung einer gesellschaftlichen Entwicklung im Interesse des Volkes, Rückständigkeit und ökonomisches Elend.

Die spanische Geschichte seit 1936 ist aber nicht nur eine Geschichte des Leids: solange es den Franco-Faschismus gibt, solange gibt es auch schon den Widerstand gegen ihn. Es gibt den kleinen, alltäglichen Widerstand, von dem kaum je etwas an die Öffentlichkeit dringt. Es gibt die vielen Streiks: in den Minen, der Bauindustrie, den Automobilwerken (z. B. bei Seat in Barcelona oder Fasa-Renault in Valladolid) und der gesamten Industrie; es gibt die Versuche der Arbeiter, sich im Untergrund ihre eigenen Organisationen aufzubauen – sie waren stark genug, mehrmals in den letzten Jahren Generalstreiks auszurufen und durchzuführen; es gibt den Kampf der Studenten und vieler anderer Teile des spanischen Volkes.

Das Franco-Regime kennt nur eine Antwort auf diesen Kampf: Terror und Unterdrückung. Jede scheinbare Liberalisierung wandelte sich sofort wieder in Unterdrückung, wenn sich zeigte, daß das Volk damit nicht zu ködern war.

Heute ist die Herrschaft des Franco-Regimes brüchiger denn je: die letzten zwei Jahre sind von einer Offensive des Volkes gekennzeichnet. Schon sehen sich die Herrschenden in der Bundesrepublik gezwungen, mit der konservativ-reaktionären Opposition in Spanien Kontakt aufzunehmen: sie wollen ein zweites Portugal verhindern. Das Franco-Regime antwortet auf den Widerstand des Volkes mit dem willkürlichen und wahnwitzigen Terror der Diktatur, deren Tage gezählt sind. In Windeseile werden neue Gesetze verabschiedet, die praktisch den Ausnahmezustand bedeuten. Faktisch alle politischen Prozesse können jetzt mit einem Todesurteil enden.

Über zwei Genossen, die Basken José Antonio Garmendia und Angel Otaegui, ist schon das Todesurteil verhängt worden, zahlreiche weitere Prozesse werden in diesem Herbst folgen, darunter der gegen Eva Forest. Das spanische Volk hat den Kampf gegen die Todesurteile schon begonnen: in der baskischen Provinz Guipuzcoa wurde ein Generalstreik von der Mehrheit der Arbeiter befolgt, in mehreren Städten des Baskenlandes kam es zu größeren Demonstrationen – in San Sebastian wurde dabei ein Demonstrant erschossen.

Unsere Aufgabe ist es, die Solidarität mit dem spanischen Volk und heute besonders mit den von der Garotte bedrohten Genossinnen und Genossen zu organisieren. In mehreren Ländern Europas gab es schon Demonstrationen und andere Kampfmaßnahmen. Diese Solidaritätsbewegung ist in der Bundesrepublik noch schwach. Wir wissen aber, daß es einer weltweiten Solidaritätsbewegung gelingen kann, Hinrichtungen zu verhindern: die Todesurteile von Burgos im Jahre 1970 wurden nicht vollstreckt!

Wir, das ›Solidaritätskomitee für die spanischen Antifaschisten‹, werden versuchen, unseren Protest gegen die Todesurteile möglichst weit und möglichst deutlich sichtbar zu machen. Für den **19. Oktober** planen wir in Frankfurt eine Solidaritätsveranstaltung: sie dient nicht der Profilierung irgendwelcher Parteien oder Persönlichkeiten, sondern allein dem Kampf gegen die Todesurteile. Jeder, dessen Haß und Verachtung dem Franco-Regime gilt, ist eingeladen.

Die Veranstaltung soll im wesentlichen von Musik geprägt sein – einer Musik, die eine Waffe im Kampf gegen Faschismus und Unterdrückung ist. Wir haben mehrere bekannte Sänger des In- und Auslandes zu dieser Veranstaltung eingeladen, darunter Paco Ibanez, Dieter Süverkrüp und Franz Josef Degenhardt. Eine Reihe von ihnen, u. a. auch Paco Ibanez, haben schon zugesagt. Auch an den ›Verband der Verfolgten des Naziregimes‹ (VVN) ist eine Einladung ergangen.

Lieber Genosse Biermann: wir wissen, daß du ein entschiedener Gegner von Faschismus und Unterdrückung bist. Wir laden dich herzlich ein, zu dieser Veranstaltung zu kommen und zu singen.

Solidarische Grüße
Für das Komitee:
Jakob Moneta
Chefredakteur der ›Metall‹
Zeitung der Industriegewerkschaft Metall.

Dieser Brief geht auch an: Paco Ibanez, Dieter Süverkrüp, Franz Josef Degenhardt, das Kölner Industrie-Theater, Walter Mossmann, Klaus den Fiedler ...

Wolf Biermann
104 BERLIN
Chausseestr. 131 19. Sept. 75

An den Minister für Kultur
BERLIN
Molkenmarkt

Sehr geehrter Herr Hoffmann,
das Solidaritätskomitee für die spanischen Antifaschisten hat mich nach Frankfurt am Main eingeladen. Ich möchte dort in einem Monat, am 19. Oktober, in einer großen Protest-Veranstaltung gegen die jüngsten Terror-Urteile des Franco-Regimes auftreten.

Die Einladung von Jakob Moneta lege ich bei. Bitte betrachten Sie diesen Brief als eine Eingabe, d. h., ich bitte Sie, mir rechtzeitig mitzuteilen, ob mir diese Reise gestattet wird, damit ich den Veranstaltern rechtzeitig eine Nachricht geben kann.

Mit freundlichen Grüßen
Wolf Biermann

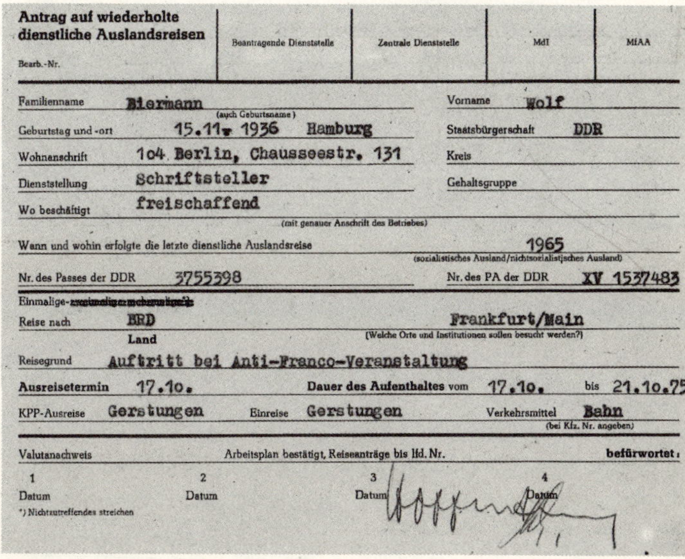

Antrag auf wiederholte dienstliche Auslandsreisen Bearb.-Nr.	Beantragende Dienststelle	Zentrale Dienststelle	MdI	MfAA

Familienname Biermann (auch Geburtsname) Vorname Wolf
Geburtstag und -ort 15.11. 1936 Hamburg Staatsbürgerschaft DDR
Wohnanschrift 104 Berlin, Chausseestr. 131 Kreis
Dienststellung Schriftsteller Gehaltsgruppe
Wo beschäftigt freischaffend (mit genauer Anschrift des Betriebes)
Wann und wohin erfolgte die letzte dienstliche Auslandsreise 1965 (sozialistisches Ausland/nichtsozialistisches Ausland)
Nr. des Passes der DDR 3755398 Nr. des PA der DDR XV 1537483
Einmalige-~~[illegible]~~
Reise nach BRD Frankfurt/Main
Land (Welche Orte und Institutionen sollen besucht werden?)
Reisegrund Auftritt bei Anti-Franco-Veranstaltung
Ausreisetermin 17.10. **Dauer des Aufenthaltes** vom 17.10. bis 21.10.75
KPP-Ausreise Gerstungen Einreise Gerstungen Verkehrsmittel Bahn (bei Kfz. Nr. angeben)

Valutanachweis Arbeitsplan bestätigt, Reiseanträge bis lfd. Nr. **befürwortet:**

1 Datum 2 Datum 3 Datum 4 Datum

*) Nichtzutreffendes streichen

Ministerium für Kultur

Ministerium für Kultur
Eing. 13 OKT. 1975

Dienstauftrag
für Reisen in das Ausland

1. Namen und Funktionen der Delegierten (der Delegationsleiter ist zu unterstreichen):

Vor- und Zuname:	Funktion:
Wolf Biermann	Schriftsteller

2. Reisen nach (Land, Orte): BRD - Frankfurt/Main -

3. Dauer des Aufenthaltes im Ausland bzw. Westdeutschland/Westberlin
vom: 17.10. - 21.10.1975

4. Die Reise erfolgt im Auftrage von: Min. f. Kultur

   a) im Rahmen der Pläne für die kulturelle Zusammenarbeit mit dem Ausland,
   Artikel:

   b) außerplanmäßig:

5. Zielsetzung der Dienstreise sowie konkrete Arbeitsaufträge:

   Teilnahme an einer Solidaritätsveranstaltung für die eingekerkerten Antifaschisten in Franco-Spanien, die am 19. Oktober in Frankfurt/Main stattfindet und zu der W. Biermann eine Einladung vom "Solidaritätskomitee für die spanischen Antifaschisten" erhalten hat.

   (Anlagen beifügen)

6. Vorgesehene öffentliche kulturpolitische Vorträge, Lektionen bzw. Fachaussprachen:

   ja

Paß / ~~Pässe~~
erhalten am:
Unterschrift:

7. Maßnahmen zur Auswertung der Dienstreise: ....

Verantwortlich für die Auswertung: ....

8. Mit wem wurde die Delegierung abgestimmt: ....

a) im Ministerium: Minister Hans-Joachim Hoffmann

b) außerhalb des Ministeriums (falls erforderlich): ZK der SED, Gen. Kurt Hager

9. Liegt die Zustimmung des zuständigen örtlichen Organs der Staatsmacht vor? (bei allen nicht zentral unterstellten Institutionen)

10. a) Höhe der entstehenden Devisenkosten: keine

Angabe in Landeswährung

Planträger: –

b) Höhe der entstehenden M-Kosten: Fahrtkosten

Kostenträger: – W. Biermann

11. Verkehrsmittel: Bahn

Bearbeiter in der HV, Fachabteilung selbst. Sektor: Höppner

Eingebracht von der HV, Abteilung selbst. Sektor: Auslandsbeziehungen

Datum: 13.10. 1975

HV-Leiter, Abteilungsleiter

Als Sofortantrag

Zustimmung des Sektors Haushalt/Valuta (sofern bei Dienstreisen Kostenträger für Valuta oder M das Ministerium für Kultur ist).

(Hoffmann)
Minister für Kultur
13. 10. 75

Datum: ....

Abteilungsleiter

14/10.

Befürwortet von der HA-Abteilung Internationale Beziehungen:

Datum: 13. Okt. 1975

HA-Abteilungsleiter bzw. Abteilungsleiter

Ausgefertigt in zwei Exemplaren:

1. Expl.: Hauptabteilung Internationale Beziehungen

2. Expl.: HV, Abteilung selbst. Sektor.

Direktive für die Reise liegt vor.
Zustimmung wird erteilt.

Ministerium für Kultur Berlin, 17. 10. 1975

Aktennotiz

Am 17. 10. 1975, 10.15 Uhr, kam Biermann in die HV Verlage und Buchhandel, um seinen Paß für die Ausreise nach Frankfurt abzuholen. Ich habe ihm weisungsgemäß erklärt, daß ich beauftragt bin, ihm mitzuteilen, seine Ausreise könne nicht stattfinden und sein Paß ihm in den nächsten Tagen zugestellt wird.

B. reagierte offensichtlich bestürzt, er wiederholte mehrfach, »das ist schade, das ist sehr, sehr schade. Das sei ein tolles Stück – Wahnsinn!« Ich hatte den Eindruck, daß er fest mit der Ausreisegenehmigung gerechnet hat.

Er äußerte dann, das bedeutet doch wieder Verschärfung und Zuspitzung; es hat also »ein politischer Kampf stattgefunden.« Er könne nicht verstehen, daß man ihm Paß- und Visaanträge abgefordert habe, um ihn dann doch nicht fahren zu lassen.

Jetzt kann ich Ihnen das ja sagen, obwohl ich dazu nicht verpflichtet gewesen wäre: Ich hätte in dieser Veranstaltung keine Aussagen über irgendwelche inneren Konflikte und Widersprüche in der DDR gemacht. Ich hätte mich dort so verhalten, wie es dem Inhalt der beiden Lieder entspricht, die ich dazu gemacht habe. Das einzig Gute an der Sache ist, daß zwei neue, gute Lieder entstanden sind. Er bat mich, diese Lieder denen zu übergeben, die für diese Entscheidung verantwortlich sind. Er sagte, er sei sich darüber im klaren, daß die Entscheidung nicht im Ministerium für Kultur getroffen worden ist.

Er teilte mit, daß er sofort ein Telegramm an die Veranstalter absenden wird, er dürfe nun doch nicht kommen.

Höppner

Verteiler
4 Ausfertigungen

Im September 1976 trat Wolf Biermann unter dem Dach und dem Schutz der evangelischen Nikolai-Kirche in Prenzlau zum ersten Mal seit 11 Jahren wieder öffentlich in der DDR auf. In einem Brief an seine Mutter, die nach wie vor in Hamburg lebte, schilderte er sein Befinden:

»Emma, liebe Mutter, liebste Genossin, nun lach' mich nicht aus und schrei nicht gleich, näher, mein Gott, zu Dir. Ich habe vor ein paar Tagen in Prenzlau in einer Kirche gesungen. Nach 11 Jahren der erste Auftritt. Ich war eingeschüchtert, die Kirchenleute waren entzückt. ›Herr Biermann, so voll war unsere Kirche seit langem nicht, das verdanken wir Ihnen.‹ Eine riesige schöne alte Kirche ohne Kirchturm in der Heinestraße, und gerammelt voll mit jungen Leuten. Der Altarraum war durch eine große Pappwand provisorisch abgeschnitten, eine Art Podium über den Bänken, unterhalb der Kanzel, war aufgebaut. Das Ganze lief als Gottesdienst. Auf diese Weise ersparten sich die Kirchenleute die polizeiliche Anmeldepflicht und brauchten für meinen Auftritt nicht um eine Genehmigung nachsuchen. Als der Jugendpfarrer von Prenzlau mich eingeladen hatte, war die Rede von 100 Zuhörern. Ich hatte mich also auf ein christliches Kaffeekränzchen eingerichtet, aber in einem so gewaltigen Gottesfaß mit soviel Leuten drin, da hören die Albernheiten auf. Eine Prenzlauer Beat-Band mit einer DDR-Vermona-Verstärkeranlage war auch da. Die Jungs hatten nur zwei Titel drauf und die Anlage hatte einen teuflischen Piepton, wegen der unvermeidlichen Rückkopplung. In dem riesigen Kirchenschiff sausen die Töne von allen Ecken und Enden wieder ins Richtmikrofon, es war greulich. Ich ließ also die Anlage abstellen und bat die Leute, näherzukommen. Und so kletterten die jugendlichen Helden auf die Bühne und zwängten sich in die vorderen Sitzreihen, saßen übereinander und auf den Lehnen und Gebetstischen, ein Menschenknäul um mich herum. Um mich herum starrten die Mikrofone der verschiedensten Mitschneider, der offizielle Pfaffentonmeister, diverse Pastoren, langhaarige Jugendliche und auch die Herren von der Sicherheit waren da mit einem Kassettenrekorder. Ich redete und sang und sang und unterbrach die Lieder und redete. Ich sprach und sang übers Abhauen. Es wurde ein Traktat gegen das Abhauen. Eine Predigt gegen die Republikflucht. Was soll aus der DDR werden, wenn immer diejenigen davonlaufen, die endlich in Widerspruch zu den Verhältnissen geraten sind. Natürlich ist es um allerhand reaktionäre Stinker nicht schade, nicht alle, die uns verlassen haben, waren wie Fettaugen auf der deutschen demokratischen Wassersuppe. Aber zumindest waren es doch die Aufrichtigen, Empfindsamen und Verletzlichen, die uns verloren gingen. Ich sang das Lied vom Flori Have, und bei der Strophe ›zu uns fliehen dann die Massen und gelassen sind wir darauf vorbereitet‹ kam ich ins Stottern und konnte den allzu utopischen Text nicht mehr. Und das war gut so, denn ich hatte nun Gelegenheit, über diese Utopie zu sprechen, die sich sehr schnell in Realität verwandeln kann und wird, wenn in der DDR der reale Sozialismus vom wirklichen Sozialismus abgelöst wird. Ich sagte dann, daß es ja eigentlich drei Arten von Abhauen gäbe. Zweitens nämlich das Abhauen nach innen, die Republikflucht in die Republik, die Flucht in die private Idylle oder in die offizielle Karriere. Unter jungen Christen die östliche Version der Jesus-People, der DDR-Jesusleute, für die das Evangelium geschrumpft ist auf den armseligen Satz ›Jesus liebt mich‹. Was kümmert mich der Terror in der Schule, die Barbarei der Polizei, der Trott auf Arbeit, was geht mich die beschissene Welt an, Jesus liebt mich und ihr könnt mir alle mal. Und dann gibt es noch eine dritte Art von Abhauen, die Flucht in den Tod. Dieser Satz wirkte wie ein Schock. Alle dachten an den Pastor Brüsewitz. Ich sagte, das Motto ihrer Veranstaltung hier stammt ja aus dem 86. Psalm und heißt etwa so: Herr, zeige mir Deinen Weg. Ich konnte damit nichts anfangen, ich las aber ein bißchen weiter und fand im 88. Psalm einen Satz, der war ein guter Kommentar zur Republikflucht in den Tod. Es heißt da: ja, willst Du denn unter den Toten Wunder tun. Ich sang das ›Oma-Meume-Gebet‹ – oh Gott, laß Du den Kommunismus siegen. Ich sagte, als ich hierher fuhr, dachte ich, was kann ein Kommunist diesen DDR-Christen schon erzählen, soll ich von unseren Gemeinsamkeiten reden? Warum habe ich in all den 11 Jahren meines Berufsverbots die vielen Angebote, in der Kirche aufzutreten, abgelehnt? Warum habe ich es jetzt und zum ersten Mal gemacht? Ist das ein Ersatz für mich? Hat das für mich, für sie hier einen Sinn? Soweit ich von außen sehe, gibt es in der Kirche der DDR eine Gruppe meist älterer, reaktionärer Menschen, die gegen jede Art von Sozialismus giften. Sie haben zum Glück kaum Einfluß auf das, was in diesem Land los ist. Es gibt eine andere Gruppe von sogenannten fortschrittlichen Christen, die um einer ärmlichen Karriere willen der stalinistischen Bürokratie zum Munde reden. Auch diese Leute spielen in unserem Land keine gute oder gar keine Rolle. Wenn die Kirche überhaupt und zum Nutzen der DDR eine Chance hat, dann, meiner Meinung nach, nur als eine rote Kirche. Eine Kirche, die sich besinnt und so eine christlich-kommunistische Kritik an unseren Verhältnissen übt und so eine Position einnimmt, die wirklich fortschrittlich und aufbauend ist. Ich weiß nicht, sagte ich, ob meine Genossen im ZK, Abteilung Kirchenfragen, entzückt über eine solche rote Kirche wären, aber wer weiß. Ich sang dann das Lied von der Auferstehung, nein, es war kein Harmonium für mich da, ich sprach den Text, Jesus, der große Schmerzensmann. Und sprach darüber, wie ich auf weltliche Art die Geschichte von der Auferstehung lese. Ich erzählte den Leuten vom Besuch einer jungen Theologin. Diese Dame überfiel mich gleich mit der schmierigen Beteuerung, daß sie nicht an Gott glaube. Sie glaubte, mir wohl damit zu gefallen und ich dachte mir, wenn sie schon nicht mal fromm ist, hat sie wenigstens was gelernt, und kann mir vielleicht noch was Interessantes über die Auferstehung Christi erzählen, über die ich schon bei verschiedensten Gelegenheiten in Liedern und Gedichten was geschrieben habe. Und da winkte dieses verwirrte Lamm Gottes lässig ab und zwinkerte mir zu und vertraute mir an, daß die ganze Auferstehungsstory erstunken und erlogen und blödsinnig sei. Die Leute lachten und freuten sich, als ich ihnen erzählte, wie ich diese Dame rausgeschmissen habe. Und warum. Ich sprach dann darüber, daß wir hier in der DDR auferstehen müssen in unseren verschiedensten Werken. Und sang die zweite und die dritte Ermutigung. Es gab Diskussionen und beste Laune. Ich fand, daß im großen und ganzen die DDR-Christen für mich eigentlich kein Ersatzpublikum sind, sondern gute und aufrichtige Leute. Denn wer in unserem Land Karriere machen will, wer wirklich hochkommen will, der tritt ja in die Staatskirche unserer Landesfürsten ein. Die normalen DDR-Christen aber werden, ausgenommen die paar CDU-Bonzen, diskriminiert, in Ausbildung und Beruf oft benachteiligt. Ich schloß diesen Auftritt ab mit dem neuen Lied, dessen Schlußzeilen bestens alles Gesagte und Gesungene auf den Begriff brachten, ich möchte am liebsten weg sein und bleibe am liebsten hier. Das ging von vielleicht halb acht bis um neun, dann war eine Pause, die Leute liefen in der Kirche rum, aßen Bockwurst und kauften sich an einem Stand Bücher. In einer anderen Ecke hatte man einen Tauschmarkt aufgebaut, wo sympathischer Nudelkram gegen Nudelkram getauscht werden konnte, Puppen, Ketten, Bücher, Grafiken, Steine, Schnitzereien, alte Schallplatten, bunte Tücher, Bierdeckel und anderer Schnick-Schnack. Gegen 10 trat ich ein zweites Mal auf und sang bis 11 durcheinander allerhand Lieder, die die Leute hören wollten. Sie riefen mir die Titel zu und ich sang. Das Barlach-Lied, wie hab's ich satt, die Bibel-Ballade konnte ich nicht singen. Und bei manchem anderen Lied blieb ich stecken, aber das war keine Peinlichkeit. Ich erzählte den Leuten, daß ich eben seit 11 Jahren öffentlich nicht mehr singe und daß ich deshalb immer nur die Lieder perfekt spielen kann, die ich gerade gemacht habe. Das Berufsverbot hat auch zerstörerische Folgen, ich habe keinen Grund das zu kaschieren. Wenn ich bei diesem oder jenem Lied ins Stolpern kam, war es meist die Gitarre. Auch bei der großen Ermutigung, aber schon bei der zweiten Strophe war ich schon wieder in den Fingern perfekt und das freute das Publikum doppelt. Sie sahen ja, daß meine Schwierigkeiten erstens keine Masche waren und zweitens leicht korrigierbar. Es machte mir und denen sogar Spaß. Am Schluß wollten etliche Leute unbedingt noch das Che-Guevara-Lied, und da animierte ich zum Mitsingen des populären Refrain. Das ging ausgezeichnet. Fröhliches Pathos. Emma, Liebe, geh doch mal zu Kurt und fotokopiere den Teil dieses Briefes, wo ich dir von Prenzlau schrieb. Paß aber auf, daß kein Privatkram dabei ist. Bist du so lieb und schickst das an den »Spiegel«-Mettke. Es wird ihn bestimmt interessieren und freuen. Immerhin ist es doch ein ermutigendes Zeichen, daß unsere Genossen mir diesen Auftritt in Prenzlau ermöglicht haben, denn verhindern hätten sie ihn ja leicht können. Vielleicht kommt nun doch einiges in Bewegung, die Berliner Konferenz hat vielleicht doch manche alte Genossen nachdenklich gemacht. Viele junge jedenfalls diskutieren mit Leidenschaft die Reden der Genossen Berlinguer, Carillo und Marchais, die ja im ›Neuen Deutschland‹ veröffentlicht werden mußten. Und vielleicht sind auch einige verstockte, aber ehrliche Leute hier stutzig geworden, wenn sie sich aus dienstlichen Gründen meine neue Spanien-LP angehört haben, mir jedenfalls war diese Prenzlauer Predigt eine weltliche Wohltat. Jetzt weiß ich es wieder besser, es gibt ein Leben vor dem Tod.

Tschüß, Emma.«

(Mitschnitt einer Sendung des SFB vom 21. 9. 1976, 19.05 Uhr)

III. Hauptgeschichte: Die Ausbürgerung

Mit dem VIII. Parteitag der SED stellten sich unter den Kunst- und Kulturschaffenden der DDR zwiespältige Gefühle ein. Hoffnungen waren verbunden mit dem »neuen« Mann an der Spitze, seinem Versprechen einer konsequenten Politik auf wirtschaftlichem und sozialpolitischem Gebiet, geknüpft an eine neue, dem Sozialismus gemäße Kollektivität der Entscheidungsfindung in allen gesellschaftlichen Bereichen. Es stellte sich bei vielen die Erwartung ein, daß Kultur und Kunst, ihre mögliche gesellschaftliche Potenz einen anderen, neuen Stellenwert erhalten werde.

Zurückhaltung, aber auch Mißtrauen gab es, nicht nur von den Idealisten und ewig Enttäuschten. Und sie waren nicht unbegründet. Einerseits ließ die Entmachtung Walter Ulbrichts und der Bruch mit seiner Politik die Möglichkeit einer neuen verschärfteren Feindlichkeit gegenüber der Intelligenz ahnen, zu frisch waren die Erinnerungen an die Rolle Erich Honeckers beim 11. Plenum im Dezember 1965. Der kräftig beschworenen führenden Rolle der Arbeiterklasse, der radikalen Abwendung von allen wissenschaftlichen und pseudowissenschaftlichen Systemtheorien, der Art und Weise der damit verbundenen umfangreichen Umgruppierungen wissenschaftlicher Kapazitäten folgten logischerweise einerseits Fragen aus den Kreisen der Intelligenz, die schon frühzeitig an die Glaubwürdigkeit der neuen Politik des VIII. Parteitages gerichtet waren.

Andererseits wurden Verhärtungen in der Außen- und Innenpolitik zurückgenommen. Es kam der Eindruck auf, daß alles künftig viel freier zugehen, demokratischer Mitgestaltung eine wesentlich größere Rolle in der Alltagspolitik zukommen würde. Das ließ Ermutigung folgen, die zumindest zuließ, daß eben jener beschriebene Zwiespalt offen diskutiert, als Frage an die Partei angemahnt und von den Fragenden auch so gemeint wurde.

Was auch immer später daraus entstand, es bleibt aber in der Geschichte der SED ein bemerkenswertes Ereignis, daß mit dem

1972 stattfindenden 6. Plenum des ZK, dem sogenannten Kulturplenum, ein geistiger Ansatz gefunden wurde, der bis dahin ungekannte Chancen bot. Chancen für einen auch geistigen Neubeginn gesellschaftlicher Sicht, eines neuen Verhältnisses zur Intelligenz, ja zu einer Kulturauffassung, die förmlich nach einer qualitativ veränderten Gesamtpolitik rief. Es bestand damals die Möglichkeit, Kultur nicht mehr nur als ein enges, von wenigen beackertes Feld zu betrachten, zu betreiben, sondern als Herausforderung auf dem Weg zu einer neuen Gesellschaftskonzeption zu verstehen. Es hätte ...

Denn wer genauer hinsah, bemerkte frühzeitig, daß die Voraussetzungen für eine derartige Kehrtwende denkbar schlecht waren. Entweder wurde versucht, neue inhaltliche Ansätze und Schaffensmethoden zu Formen der Staats- und Repräsentationskunst umzufunktionieren, oder sie wurden glattweg abgelehnt, oft auch deshalb, weil sie nicht verstanden oder sofort mit mißtrauischem Blick als klassen- und staatsfeindlich abgetan wurden.

Das 6. Plenum setzte dennoch im künstlerischen und kulturellen Leben und Schaffen bislang nicht gekannte künstlerische Potenzen frei, die im wesentlichen in ihrer Absicht, einen menschenfreundlichen Sozialismus hervorbringen zu helfen, sehr ernst gemeint waren. Es sei nicht nur nebenbei erwähnt, daß der Prager Frühling 1968, die Unruhen der jugendlichen Intelligenz insbesondere an den Universitäten und Hochschulen in Westeuropa auch unter den Künstlern und Kulturschaffenden der DDR ihre Nachwirkungen zeigten, ja Ideale hervorbrachten, für deren Verwirklichung offensichtlich jetzt die Stunde zu kommen schien.

Sicher, das Bild ist differenziert: Nach dem Streit um »Balla« aus der »Spur der Steine« oder um »Ole Bienkopp« in den frühen sechziger Jahren hatte es in der DDR keine Literaturdiskussion mehr gegeben, bei der es letztlich weniger um die Bücher, sondern um die darin enthaltenen Werte und Moralvorstellungen im Sozialismus ging.

Andererseits entwickelte sich jedoch die bildende und die angewandte Kunst einschließlich ihrer gesellschaftlichen Wirksamkeit geradezu stürmisch. Auch andere, neue, für die DDR höchst ungewohnte Kunstformen entstanden nicht zufällig: Jazz, Rock, das politische Lied fanden ein zahlenmäßig rasant wachsendes Publikum.

Hoffnung war angesagt. Vielleicht klingt es angesichts der heutigen Verhältnisse euphorisch: Aber diese frühen 70er Jahre waren die letzte Zeitspanne vor Gorbatschow, in der etwas wie Aufbruchstimmung zu spüren war. Es war ein historischer Augenblick, in dem wahrscheinlich letztmalig die Mehrheit der DDR-Bevölkerung mit der Überzeugung lebte, daß ihre DDR als die gesellschaftliche Alternative zum anderen Teil Deutschlands dem Vergleich standhalten und so zur eigenen, erstrebenswerten Lebensperspektive werden konnte.

Diese Jahre nach dem 6. Plenum 1972 ließen darauf hoffen, daß mit kritischen Künstlern, Intellektuellen wie Wolf Biermann, Stefan Heym, Robert Havemann u. a. toleranter und produktiver umgegangen würde.

1. Akt: Die Lage 1976

Das Jahr 1976 war innenpolitisch mit weiteren Hoffnungen verbunden. Der IX. Parteitag der SED fand statt und beschloß ein neues, weitreichendes Parteiprogramm, daß zumindest in seinem theoretischem Ansatz ein Zukunftsbild zeichnete, daß anzustreben sich lohnen konnte. Einerseits war durch die Wirtschaftspolitik, besser durch die Lohn- und Einkommenspolitik der vergangenen fünf Jahre der Eindruck entstanden, daß es deutlich aufwärts gehen würde. Aus heutiger Sicht sieht das jedoch anders aus: es war der Beginn eines gigantischen Versuches, mit materiellen und finanziellen Vorgriffen auf die Zukunft ein Bild des Wohlstandes vorzugaukeln. Knapp beschrieben war es eine bemerkenswerte Korruption der Werktätigen, um ihr politisches Wohlverhalten zu erkaufen.

Dieses Vorgehen war aus der Sicht der Parteiführung insofern geboten, weil sich die außenpolitische Situation mit der ein Jahr vorher erfolgreich in Helsinki abgeschlossenen Konferenz für Sicherheit und Zusammenarbeit in Europa doch erheblich verändert hatte. Die Menschen in Europa, insbesondere aber die in den osteuropäischen Staaten, waren es leid, ständig in angespannten politischen Situationen leben und dafür zunehmend Verluste in ihren demokratischen Bewegungsmöglichkeiten und ihrem materiellen und sozialen Lebensniveau hinnehmen zu müssen. Insbesondere diese Konferenz verstärkte ungleich den Wunsch, sich die Welt außerhalb Osteuropas anschauen zu können.

Anders ausgedrückt: der Wille, sich ein eigenes Bild von dieser Welt zu machen, nahm deutlich zu. Es kann mit gutem Gewissen davon ausgegangen werden, daß zu diesem Zeitpunkt Hunderttausende, ja Millionen nie die Absicht gehabt hätten, diesem, ihrem Land den Rücken zu kehren. Das aber wurde in fataler Weise von der Parteiführung nicht erkannt und mit verheerenden Folgen fehlbewertet. Der Beginn eines bis zum Herbst 1989 sich spiralähnlich entwickelnden großen Betruges an den demokratischen Freiheiten eines Volkes ist hier zu finden. In den Folgejahren wurde mit dem permanenten Verweis auf die Klassenkampfsituation jede Entwicklung in Richtung eines demokratischeren Sozialismus nahezu unterbunden. Logische Konsequenz: Die Gesellschaft begann sich in Dimensionen zu spalten: in die Ausreiseantragsteller; in jene, die in das innere Exil gingen, sich ihre Nischen suchten und auch fanden und all jene, die nach wie vor fest glaubten, einer guten Sache zu dienen, die allerdings anders gemacht werden müsse, und diejenigen, die mit der festen Überzeugung lebten, daß die DDR den besten Sozialismus in Europa und der gesamten Welt gestalte.

Letztlich wurde die Mehrheit des Volkes durch andere wirtschafts- und sozialpolitische Maßnahmen düpiert. Allein durch die Einführung eines landesweiten Intershop-Netzes entstand ein moralischer Verfall in Größenordnungen. Die von der Parteiführung verfügte Einführung der legalen zweiten Währung ist die Vorstufe zum 9. November 1989 und rechtfertigt den Vorwurf, die Politbürokratie ist in ihrem Charakter gegenüber dem Ideal des Sozialismus immer reaktionärer geworden! Tausendfach jedoch im Widerspruch zu den moralischen Wertvorstellungen der eigenen Parteimitglieder!

Und noch ein Umstand charakterisiert den innenpolitischen moralischen Verfall: Nach dem VIII. Parteitag stand die Forderung, den gewählten Volksvertretern mehr Kompetenz in ihren Ämter zu übertragen, die Verantwortung eindeutiger dorthin zu delegieren, wo am besten entschieden werden konnte. Das hätte den Demokratieauffassungen im Sozialismus mehr als gut getan. Auch hier das Gegenteil: Volksvertreter wurden nach dem IX. Parteitag immer mehr zu Zustimmungsmaschinen degradiert. Der Wahlbetrug zu den Kommunalwahlen 13 Jahre später war nur eine logische Folgeerscheinung dessen.

Das Bedrückende an dieser Situation von 1976 besteht vor allem darin, daß einerseits, bedingt durch das neue Parteiprogramm, erneut Hoffnungen erwuchsen, andererseits die Entmündigung der Bürger in neuen Qualitäten einzusetzen begann.

Außenpolitisch war die Situation nicht wesentlich anders. Das darf bei der Bewertung der innenpolitischen Situation bei Strafe von Fehlurteilen nicht außer acht gelassen werden.

Helsinki war für alle Seiten ein Kompromiß. Keiner, weder die Warschauer Vertragsstaaten, die NATO-Mitglieder noch die neutralen Länder hatten alle ihre Wunschvorstellungen durchsetzen können. Im Gegenteil: der Verlauf der politischen Ereignisse zeigte, daß eine spürbare Verhärtung am politischen Horizont heraufzog. Die relative Gleichzeitigkeit des NATO-Raketendoppelbeschlusses und der Aufstellung der sowjetischen SS-20 war das europäische Vorspiel, welches seinen vorläufigen Höhepunkt später in Reagans Plänen vom »Star-War« fand. Die Welt schlitterte, ausgehend von Europa und den USA, in den atomaren Wahnsinn, schien sich vom gesunden Menschenverstand zu verabschieden.

Eine nicht unwesentliche Rolle bei der Sicht auf das Jahr 1976 spielt die Situation der kommunistischen Parteien Westeuropas. Insbesondere die spanische KP, aber auch die FKP und die IKP hatten die Theorie vom Eurokommunismus zur Grundlage ihres Handelns gemacht. Für die osteuropäischen kommunistischen Parteien, bedingt auch durch die Breshnew-Doktrin, stellte das eine außerordentliche Herausforderung dar. Bedeutete es doch, aus der eigenen Isolation herauszutreten und in vielen praktischen Fragen zusammenzugehen, also auch zu gemeinsamen Aktionen zu kommen.

Das jedoch hätte u. a. Reisefreiheit bedeutet, zu Vergleichen des Lebensniveaus im eigenen Alltag geführt. Also konnte schon allein daher den theoretischen Ansatzpunkten der westeuropäischen Kommunisten nicht gefolgt werden. Mit gleichfalls für die heutige Welt schlimmen Folgen.

In der heutigen Situation wird aus (west)deutscher Sicht immer wieder versucht, darzustellen, daß die Bundesrepublik Deutschland schon immer ein Wunderland der Demokratie gewesen sei. Von Zeiten des kalten Krieges und seinen Auswirkungen will niemand mehr etwas wissen. Es hat ihn, so soll der Eindruck erweckt werden, eigentlich nie gegeben. Die Bösen in Deutschland waren immer nur die im Osten regierenden »Kommunisten«. So war es wohl doch nicht! In der Bundesrepublik Deutschland war die Situation 1976 gleichfalls nicht rosig. Die SPD regierte zwar seit 1972 erstmalig in der Geschichte der BRD, dennoch war das aus der Sicht der Bürger des anderen deutschen Staates nicht unbedingt mit einem Zuwachs an Demokratie verbunden. Der sogenannte Radikalenerlaß lag wie ein schwerer, dunkler Schatten über diesem Land. Nur, daß es dagegen mehr Opposition gab. Die Bürgerbewegungen waren im Formieren begriffen, hatten erste, ernst zu nehmende politische Erfolge errungen.

In der Ostpolitik war vor allem durch die SPD und die FDP ein bis dahin entscheidender Wandel vollzogen worden. Das Konzept »Wandel durch Annäherung« hatte spürbare, für alle positive Ergebnisse. Die sogenannten Ostverträge waren zustande gekommen.

Mit dem Streit um die Fragen der Menschenrechte im Verlaufe der KSZE-Verhandlungen, der Haltung der sozialistischen Länder dazu und deren innere Befindlichkeit wurde sichtbar, daß hier die Möglichkeit bestand, eine Bresche in den sonst so monolithischen Block zu schlagen. »Selektive Konfrontation« bzw. »Selektive Differenzierung« wurden Bestandteil der politischen Methodik des Westens, zuerst beispielhaft von der SPD demonstriert. Dabei waren es die Intellektuellen, die vor allem in das Zentrum des politischen Interesses des Westens gerieten.

Die CDU befand sich in der Opposition. Für die beiden deutschen Staaten eigentlich ein glücklicher Umstand. Deutschlandpolitisch gesehen zog merklicher Realismus in die Bewertung der politischen Situation ein. Aber die Chancen sind wohl auf beiden Seiten, auch wegen der nach wie vor vorhandenen gegenseitigen Ängste und Scheuklappen, nur unzureichend genutzt worden. Vor allem weil deutlich spürbar die beiden Großmächte an einer grundlegenden politischen und militärischen Entspannung in keiner Weise ernsthaftes Interesse zeigten. Treffend für die Situation steht dabei die nachwirkende Charakterisierung Egon Bahrs durch Otto

Winzer, einem der ehemaligen Außenminister der DDR, jener sei der mit dem Dolch im Gewande.

Auf die DKP wurde gnadenlose Jagd gemacht. Sie hatte zwar immer wieder den Einzug in den Bundestag und die Landtage verfehlt, aber auf kommunaler Ebene schien sie Boden wettzumachen. Das mußte unterbunden werden.

Im Zusammenhang mit den Ereignissen um Wolf Biermann ist jedoch ein Vorgang, in dem die DKP mitmischte, von besonderer Bedeutung: Die im folgenden noch näher erwähnte Initiative für das Kölner Konzert trug die Unterschriften interessanter Persönlichkeiten, wie Egon Bahr, Ernst Bloch, Heinrich Böll, Rudi Dutschke, Iring Fetscher, Ossip Flechtheim, Günter Grass, Dieter Lattmann, Hans Mommsen, Peter Rühmkorf, Klaus Schütz, Peter Zadek. Hannes Stütz von der DKP setzte sich einen Tag vor dem Konzert in einem Artikel, der von der DKP-Zeitung »Unsere Zeit« veröffentlicht und drei Tage nach dem Konzert in Köln vom »Neuen Deutschland« nachgedruckt wurde, leidenschaftlich mit eben dieser Initiativgruppe auseinander. Dieser Artikel beschreibt präzise die Zwiespältigkeit der politischen Interessenlage um Wolf Biermann, verrät indes folgendes Grundproblem dieser Zeit:

Beide Seiten, gemeint sind hierbei die Politiker in Ost bzw. West, hatten in der innerdeutschen Auseinandersetzung ihre Argumente, verfolgten ihre politischen Ziele, allerdings mit einem Unterschied: monolithisch die SED und DKP, sehr zwiespältig die Interessengruppen in der BRD. Es gibt auch heute noch zu denken, wenn sich Politiker in einer Initiative für die Freiheit eines Bisdahin-DDR-Bürgers zusammenfinden, die in anderen, sicherlich weit wichtigeren Themen sich nicht finden konnten, weil ihre politischen Grundhaltungen nahezu diametral gelegen waren.

Dennoch, die Situation in den beiden deutschen Republiken stand im Vergleich mit den anderen europäischen Staaten immer unter einem besonderen Stern. Keine der beiden »Deutschen« unternahm, insbesondere innenpolitisch, nichts, ohne den Blick über den »Zaun« zu werfen. Es ging immer irgendwie darum, die Lage im eigenen Land zu entspannen und beim Nachbarn zuzuspitzen. Das war das Grundmuster, aus dem keine der beiden Seiten herauskam, bis zum 9. November 1989. Es sei deshalb so betont, weil es ohne dieses »Grundwissen« kein Verstehen der Ausbürgerung von Wolf Biermann und der damit verbundenen Folgen, der zutiefst unterschiedlichen innen- und außenpolitischen Reaktionen darauf, geben kann. Mag es damals ein Vorgang gewesen sein, der an eine schizophrene Überreaktion erinnert, also auch das gründliche Überdenken aller Folgen von vornherein ausschloß, praktisch war es der Beginn einer neuen Qualität des Niedergangs des sozialistischen Gesellschaftsmodells in der DDR.

2. Akt: Die Einladung

Angefangen hat alles, wie so oft im Leben, ganz einfach. Die IG Metall der BRD veranstaltete in der zweiten Novemberhälfte eine Jugendwoche. Ein an sich normaler Vorgang gewerkschaftlicher Arbeit.

An der Bochumer Ruhruniversität hatte sich im Frühjahr des Jahres 1976 eine Initiative »Freiheit der Meinung – Freiheit der Reise für Wolf Biermann« gebildet; in der bürgerlichen Demokratie etwas Normales. Ein heute in all seinen möglichen Zielen dennoch auch schwer aufzuklärender Vorgang, weil er zusammenfällt mit dem Aufschwung der Bürgerbewegung. Diese, wie bereits erwähnt, sehr vielschichtig und -farbig zusammengesetzte Initiative hatte es vermocht, im gesamten alten Bundesgebiet rund 100 Mitarbeiter für ihr Anliegen auf die Beine zu bringen. Mit der Initiative »Freiheit der Meinung in Ost und West« kamen noch einmal über 10000 Unterschriften dazu.

Interessanterweise hatte sich diese Initiative zwar auf Wolf Biermann konzentriert, in ihrem Grundanliegen verstand sie sich aber als Aktion gegen Berufsverbote und Beschränkung der Meinungsfreiheit. So hieß es z. B. in ihrem veröffentlichten Aufruf u. a.:

»1. Die Aufmerksamkeit auf jede Form politischer Unterdrükkung und Repression zu richten, wo und wie auch immer sie praktiziert wird und die sich immer gegen den gesellschaftlichen Fortschritt und die breiten Massen des Volkes richtet.

2. Den Kampf für die Verwirklichung und Verteidigung der demokratischen Rechte und Freiheiten in Ost- und West-, in ganz Deutschland aufzunehmen – gegen die Teilung

Deutschlands, die den Herrschenden in Ost und West dient zur Unterdrückung der Ziele der gesellschaftlichen Freiheit, der politischen Demokratie und des Sozialismus.«

(Zitiert nach Peter Roos, Exil – Die Ausbürgerung Wolf Biermanns aus der DDR, Köln, 1977)

Allein diese zwei Aufgaben bedienten beide in der Initiative vertretenen Interessenlagen. So war sie benutzbar in der Auseinandersetzung um die Berufsverbote in der BRD, hatte aus linker Sicht auch Gültigkeit für die Vorgänge um Wolf Biermann sowie anderer prominenter Kritiker der SED-Führung und war zugleich ein willkommenes »Kampfmittel« im kalten Krieg. Fast zwangsläufig konnte die Politbürokratie eben deshalb allein aus dem zweiten Punkt des Aufrufes den Versuch des Aufweichens der Politik der SED ableiten. Und damit war die Reaktion darauf vorgegeben.

Dennoch, Wolf Biermann sandte folgenden Brief an den Minister für Kultur der DDR:

Wolf Biermann
104 BERLIN
Chausseestr. 131

10. Oktober 76

An den Minister für Kultur der DDR
Joachim Hoffmann
Molkenmarkt

Sehr geehrter Herr Minister,
eine Gruppe von Gewerkschaftern und Sozialisten an der Ruhr-Universität Bochum hat mich eingeladen zu einem Konzert. Außerdem veranstaltet die IG-Metall in Westdeutschland ihren »Jugendmonat« und hat mich eingeladen, auf verschiedenen Veranstaltungen der Gewerkschaftsjugend mit meinen Liedern aufzutreten. Ich habe die Absicht, vom 10. bis zum 30. November nach Westdeutschland zu fahren und bitte Sie, mir eine Reisegenehmigung zu erwirken.

Vielleicht wirkt es sich auf die Bearbeitung meines Antrages förderlich aus, wenn ich betone, daß dies hier eine E i n g a b e ist.

Mit freundlichen Grüßen
Wolf Biermann

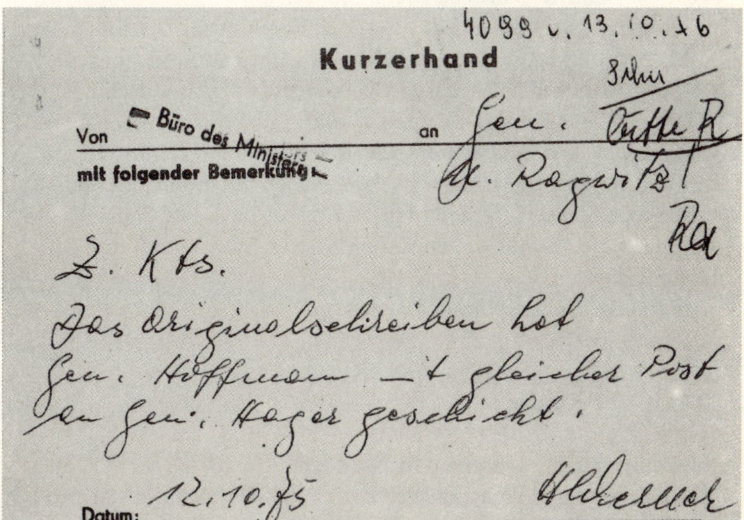
4099 v. 13.10.76

Kurzerhand

Von Büro des Ministers an

mit folgender Bemerkung:

z. Kts.

Das Originalschreiben hat Gen. Hoffmann mit gleicher Post an Gen. Hager geschickt.

Datum: 12.10.75

(Unterschrift)

Dieser Brief verursachte eine unterschiedliche Reaktion. Das Lager war mindestens zweigeteilt. Die einen unternahmen den Versuch, zu probieren, mit dem kritischen Geist Biermann zu leben. Nicht anders ist zu verstehen, daß wenige Wochen zuvor, erstmalig seit Jahren, Wolf Biermann in einer Kirche in Prenzlau auftreten konnte und dies nicht durch die Staatssicherheit vorher unterbunden wurde. Aus dieser Ecke gab es keine Bereitschaft, seinem Antrag stattzugeben, weil eine Lawine von ehrlichen Antragstellungen unter der künstlerischen Intelligenz befürchtet wurde und die Gefahr einer außenpolitischen Eskalation bestand. Man wollte alles so lassen, wie es eben war.

Die anderen sahen jetzt eine einmalige Gelegenheit für gekommen. Es hatte immer wieder, allerdings erfolglose Versuche gegeben, Wolf Biermann zu kriminalisieren. Spätestens seit seinem auf einer Langspielplatte veröffentlichten Lied »Ballade von den verdorbenen Greisen«, eine gallebittere Persiflage auf die Mitglieder des damaligen Politbüros des ZK der SED, wurde ernsthaft darüber nachgesonnen, ihn loszuwerden. Mit einem von ihm beantragten Ausreiseantrag in die BRD hätte man ihn in der Schublade gehabt, in der man ihn so gerne sehen wollte. Nur das tat Wolf Biermann nicht. So kam es, daß eben jene letztgenannte Interessengruppe, mindestens Honecker und Mielke, sich durchsetzte. Die Frage des Ministers für Kultur, Dr. Hans-Joachim Hoffmann, ob man dem Antrag zustimmen solle, wurde »Kurzerhand« positiv entschieden.

Dazu gibt es keine Dokumente, wie z. B. Vorlagen oder ähnliches. Solche Vorgänge hatten, wie groß auch ihre Wichtigkeit war, »Hausmitteilungscharakter«. Es kann jedoch mit größter Sicherheit davon ausgegangen werden, daß zumindest in dieser Phase Erich Honecker die Meinungen von Erich Mielke, Paul Verner und Kurt Hager einholte.

Die Dinge nahmen ihren Verlauf.

3. Akt: Das Konzert

Im Rahmen der erwähnten Jugendwoche der IG Metall war eine ganze Kette von Veranstaltungen mit Wolf Biermann in der BRD geplant. Der Auftakt sollte in Köln stattfinden. Nur für politische

Außenseiter war das große bundesdeutsche Medieninteresse unverständlich. Zum Konzert in Köln, welches Wolf Biermann solo bestritt, waren rund 6500 Zuschauer in die Sporthalle gekommen. Das Radio war live dabei, das Fernsehen zeichnete auf und sendete zeitversetzt. Dabei waren alle, die es interessierte, in Ost und West. Im folgenden wird ein privater Mitschnitt von dieser Veranstaltung unkommentiert wiedergegeben, der am 13. November 1976 in der Zeit ab 19.05 Uhr im WDR2 in der »Radiothek« gesendet wurde.

»Guten Abend wünscht Ihnen Ihr Ulrich Lux und da müssen Sie nun nicht erschrecken, die öfter als einmal die ›Radiothek‹ hören und die hier jetzt eigentlich Volker Neumann mit seiner ›Schlagerrevue‹ erwarten. Die wird morgen um die gleiche Zeit nachgeholt. Heute tritt nämlich Wolf Biermann zum ersten Mal seit Ostern 1965 in der Bundesrepublik in einem Konzert in der Kölner Sporthalle auf. Diese Gelegenheit wollten wir uns natürlich nicht entgehen lassen und übertragen in den nächsten zwei Stunden aus der Kölner Sporthalle dieses Konzert und am Anfang wird Bernd Wurl von der Abteilung Jugend beim Verband der Industriegewerkschaft Metall, die diesen Abend veranstaltet, ein paar einleitende Worte sprechen. Wir schalten jetzt um in die Kölner Sporthalle und hoffen, wir hören auch etwas.«

»Verehrte Gäste, liebe Kolleginnen und Kollegen!
Herzlich willkommen zur heutigen Veranstaltung der Jugend der Industriegewerkschaft Metall. Wir freuen uns, einen Künstler begrüßen zu können, den wir sonst nur von Schallplatten her kennen. Auf Einladung der Industriegewerkschaft Metall und der Initiative der Universität Bochum ›Freiheit der Meinung, Freiheit der Reise für Wolf Biermann‹ weilt er unter uns – Wolf Biermann. (lang anhaltender Beifall)

Nachdem wir Wolf Biermann eingeladen hatten, im Rahmen unseres Jugendmonats der IG Metall aufzutreten, stellten wir uns insgesamt die Frage, darf er raus, läßt man ihn reisen. Nun er durfte, man ließ ihn und das ist gut so.

Die zweite Frage ist jetzt, läßt man ihn wieder rein in die DDR, denn Wolf Biermann ist kein Republikflüchtiger, er lehnt den Kapitalismus als Gesellschaftsordnung ab. (Beifall)

Er will in der DDR leben, aber er will sie verändern (Beifall), mit seinen künstlerischen Ausdrucksmitteln, mit seiner Form von Kritik. Mit seinen politischen Liedern rüttelt er dazu auf, bürokratischen Mief durch die Zufuhr des Sauerstoffes demokratischer Selbstbestimmung der Arbeitenden zu vertreiben. Um es im bundesrepublikanischen Deutsch zu sagen: für Wolf Biermann bedeutet auch demokratischer Kapitalismus wirtschaftliche Unmündigmachung und damit Unfreiheit der Arbeitenden. Für ihn wie für uns ist Sozialismus ohne demokratische Freiheitsrechte der Arbeiten undenkbar.

Verständlicherweise läßt die Reise Wolf Biermanns großes öffentliches Interesse verzeichnen. Wir wissen, daß wir in dieser Tournee Gefahr laufen, falschen Beifall zu erhalten, insbesondere durch jene, die bei uns von ›Freiheit statt Sozialismus‹ reden. (Beifall) Die durch Radikalenerlasse, Berufsverbote, Gewerkschaftsgesetze unsere Freiheit einengen wollen. (Beifall) Es sind die gleichen, die in Chile wieder den süßen Klang der Ordnung hörten, als die Stiefel der Militärs die Freiheit zertraten. Es sind die gleichen, die sich von den griechischen Militärterroristen vor ihrem Sturz kostenlose Informationen und Urlaubsreisen bezahlen ließen, um sich hinterher zu Propagandisten ihrer Gewaltherrschaft zu machen. (Beifall) Es sind die gleichen, die Franco-Spanien, Salazars Portugal und das rassistische Südafrika beweihräucherten und bejubelten. Für sie herrscht überall Freiheit, wo sich der kapitale ... frei und ungehemmt von einer demokratischen, kämpferischen Arbeiterbewegung entfalten kann.

Für uns bedeutet Freiheit z. B., seinen Beruf frei wählen zu können. Aber jeder Jugendliche bekommt heute zu spüren: ohne Vollbeschäftigung ist das nicht mehr möglich. Für uns bedeutet Freiheit, daß man für seine kritische politische Meinung weder im Betrieb und Büro diszipliniert, noch durch Berufsverbote bestraft werden darf. Auch hier machen wir böse Erfahrungen.

Das betäubende Freiheitsgeschrei unserer Rechtsgenossen ist ganz gewiß pure Heuchelei, es dient nur dazu, ihre Absichten zu verhöhnen, unsere Freiheitsrechte einzuengen, wenn nicht gar abzuschaffen. Aber der Sozialismus ohne demokratische Freiheitsrechte wird stets ein Zerrbild bleiben, das sie erfolgreich als Abschreckungsmittel gebrauchen können.

Biermann und Havemann in der DDR, die Intellektuellen in Polen, die dagegen protestieren, daß man Arbeiter aus den Betrieben verjagt oder ins Gefängnis schleppt, wenn sie sich gegen radikale Preiserhöhungen zur Wehr setzen, Medwedjew, Grigorenko u. a. in der Sowjetunion, die alle für einen Sozialismus mit menschlichem Antlitz in der ČSSR eintreten, sind Vorboten einer neuen Etappe der Arbeiterbewegung auf dem Wege zu ihrem wirklichen Ziel. (Beifall) Das Ziel: eine Gesellschaftsordnung, in der die Ausbeutung des Menschen durch den Menschen unmöglich gemacht ist und in der die freie Entfaltung der Persönlichkeit des einzelnen die Grundlage und Vorbedingung für die Entfaltung der schöpferischen Kräfte der ganzen Gesellschaft bilden. Auch wir sind als Gewerkschaft in der Bundesrepublik aufgerufen, Wegbereiter hierfür zu sein. Dies können wir nicht einzeln oder in kleinen Gruppen, dies können wir solidarisch in dem Zusammenschluß der abhängig Beschäftigten, also in den Gewerkschaften tun.

Jeder Jugendliche, der noch abseits steht, wird aus den Liedern und dem Leben von Wolf Biermann eines lernen können, um es mit einer Liedzeile zu sagen, wir dürfen nicht warten auf bessere Zeiten. (Zwischenrufe: Biermann soll anfangen) Wir müssen alle Schwierigkeiten zusammen solidarisch hier und heute anpacken und den Weg gemeinsam gehen. Ich wünsche uns allen einen angenehmen schönen und unbequemen Abend mit Wolf Biermann.« (lang anhaltender Beifall)

(Wolf Biermann singt):

So soll es sein
So oder so, die Erde wird rot

Diese Zeilen habe ich schon oft singen gehört und es hat mich gefreut und auch ein bißchen geärgert, wenn ich nämlich merkte, daß manche dieses ›So oder so‹ sangen, als würden sie singen ›Sowieso‹. Ich dachte aber, als ich dieses Lied schrieb, an den guten Satz von Marx, der sagte, daß die Menschheit entweder einen Weg zum Sozialismus, zu einer kommunistischen Gesellschaft finden würde, oder sie wird in die Barbarei versinken.

›So soll es sein‹

So oder so, die Erde wird rot:
Entweder lebenrot oder todrot.
Wir mischen uns da ein bißchen ein,
– so soll es sein
so wird es sein*
...

Die BRD braucht eine KP,
wie ich sie wachsen und reifen seh
unter Italiens Sonnenschein
– so soll es sein ...

... ja, Wohlstand wollen wir gern, anstatt ... Denkt ja nicht, daß ich Euch jetzt mit dem alten Mist langweile. Ich habe ein paar neue Strophen geschrieben. Die deutsche Einheit ...

... die BRD braucht eine KP (Beifall – Biermann: Ha, Hmmm)

... Unter Italiens Sonnenschein, so soll es sein ...

Nur ein Pfeifer? Ihr sollt nicht höflich zu mir sein.

In der DDR wurde endlich spät, aber nicht zu spät, das politische Testament von Rosa Luxemburg veröffentlicht. Das ist ein großer Fortschritt für unser Land. Im dritten, nein, im vierten Band ihrer gesammelten Werke begraben, aber leicht zu finden, ihre Schrift »Die russische Revolution«. Niemand hat bisher leidenschaftlicher die Oktoberrevolution gefeiert und historisch gewürdigt und auch niemand leidenschaftlicher davor gewarnt, sie zum Modell zu machen für alle nach-

* Aus urheberrechtlichen Gründen können die vollständigen Liedtexte hier nicht veröffentlicht werden. Sie sind zu finden in: W. Biermann: Nachlaß 1, Kiepenheuer und Witsch, Köln 1977 und W. Biermann: Preußische Ikarus, Kiepenheuer und Witsch, Köln 1978.

folgenden Revolutionen. (Beifall) Rosa Luxemburg schrieb damals, ohne allgemeine Wahlen, ungehemmte Presse- und Versammlungsfreiheit, freien Meinungskampf erstirbt das Leben in jeder öffentlichen Institution, wird zum Scheinleben, in der die Bürokratie allein das tätige Element bleibt. Das öffentliche Leben schläft allmählich ein. Einige Dutzend Parteiführer von unerschöpflicher Energie und grenzenlosem Idealismus dirigieren und regieren und in Wirklichkeit leitet eine Handvoll Funktionäre, nein das war nicht ganz korrekt, ein Dutzend hervorragender Parteiarbeiter. Und eine Elite der Arbeiterschaft wird von Zeit zu Zeit aufgeboten zu Versammlungen, um den Reden der Führer Beifall zu klatschen, vorgelegten Resolutionen einstimmig zuzustimmen, im Grunde eine Cliquenwirtschaft – eine Diktatur allerdings, aber nicht die Diktatur des Proletariats, sondern die Diktatur einer Handvoll Politiker, d. h. Diktatur im bürgerlichen Sinne.

... die braucht endlich und wie ...

... so soll es sein, na wie lange soll ich den Ton noch halten? ...

Die DDR braucht endlich und wie
Rosas rote Demokratie!
stimmt Ihr mir zu? Dann stimmt mit ein:
– so soll es sein ...
...

... Hab ich nun die Strophe mit dem Wohlstand gesungen? Die ist ja so wichtig.

Ja, Wohlstand wollen wir gern, anstatt ...
So oder so, die Erde wird rot ...

Als ich diese Zeilen schrieb, dachte ich auch an das gute Wort von Brecht. Er sagte, die Morgenröte einer neuen, besseren Zeit kommt aber nicht wie das Morgenrot kommt, nach durchschlafener Nacht (Beifall)

... So oder so ... (Lang anhaltender Beifall)

Meine Freunde haben gesagt, sag den Leuten ruhig ehrlich, daß du aufgeregt bist, dann bist du vielleicht nicht mehr so aufgeregt. (Beifall)

Ich habe mir natürlich in den vierzehn Tagen, die ich ja Zeit hatte, überlegt, was ich hier singen solle, welche lieber nicht, welche lieber doch (Zwischenruf: Oma Meume – darauf kräftige Lache Wolf Biermanns). Das habe ich heute gar nicht aufgeschrieben, aber ich bin zu jeder Schandtat bereit. Ich habe mir so ausgedacht, am besten halte ich mir die Leute vom Halse, wenn ich viel Lieder singe. Aber ich wollte – falls Ihr einverstanden seid – wirklich, es ist keine Fernseh- und Showfrage, die ich Euch hier stelle, sondern ich meine wirklich, wir können hier gut miteinander reden, es ist ja gar nicht so groß (Heiterkeit). Als ich hörte, daß 6500 Leute hier sein sollen, aber ich glaube, es sind mehr, da kriegte ich einen Bammel. Aber irgendwie kommt es mir gar nicht so übergroß vor. Vielleicht kommt es daher, daß ich die letzten 12 Jahre immer im Zimmer gesungen habe. (Beifall) Ich habe mir auch überlegt, ich werde nicht hier im Westen den Affen machen und meinen eigenen Schallplatten hinterher rennen, nicht wahr. Wenn Ihr HiFi-Qualität und perfekt irgendwelche Lieder hören wollt, könnt Ihr die Schallplatten auflegen. Ich habe mich vorbereitet. Ich werde hier aus der Stümperei eine Tugend machen. Aber ich will mich auch nicht verrückt machen mit so einem übertriebenen Perfektionismus. Ich habe mir einen Fahrplan gemacht und da steht ›Ost-Linke – West-Linke‹. Das soll ein Stichwort für mich sein.

Bei mir zu Hause in der Chausseestraße treffen sich oft Westlinke und Ostlinke und das ist oft sehr interessant und lehrreich für beide Teile. Das sollte in größerem Maße öfter möglich sein, aber falls das mal soweit kommt, was ja nicht ausgeschlossen ist, möchte ich Euch aus meinen Erfahrungen vor etwas warnen. Ich habe nämlich die Beobachtung gemacht, daß, wenn solche sympathischen, fortschrittlichen Linken aus Ost und West zusammensitzen, kommen sie sehr oft und sehr schnell, ohne es selbst zu merken, in einen makaberen Wettstreit. Beide nämlich wetteifern nach kurzer Zeit darin, dem anderen vorzuführen, wie schlimm es bei ihm zu Hause in seiner eigenen Gesellschaft ist. (Beifall) Na, zum Klatschen finde ich das nicht, oder ich habe es selbst falsch verstanden. Dann fangen meist die Leute aus der DDR an und sagen, bei uns ist es so furchtbar. Da kommst du für einen Witz über die Stasi schon $3^1/_2$ Jahre ins Gefängnis nach Cottbus. Wieso, sagen dann die Westler, das kann doch nicht angehen, für einen Witz, bist du denn beknackt. Ja, sagen die dann, da hat einer einen Witz über die Stasi erzählt, daß die auf der Jagd waren und haben nur einen Hasen gefangen. Dann stehen alle um den Hasen herum und treten ihn dann immer und sagen, gibst du denn nun endlich zu, daß du ein Wildschwein bist? (Heiterkeit) $3^1/_2$ Jahre, das ist doch ein bißchen teuer, sagen dann die Westlinken. Das ist vielleicht nicht so schön, aber denk mal, wie es bei uns ist, da gehen die Leute mit und ohne Witz in den Knast und werden weggefangen in Argentinien wie der Genosse Zschieschang (ph), werden eingesperrt und gefoltert und haben überhaupt gar keine Chance, wieder nach $3^1/_2$ Jahren lebend herauszukommen. Sagen dann die DDR-Leute, naja, das ist ja schlimm in Argentinien. Dann sagen die, nee, was heißt hier Argentinien. Guck Dir mal an, wie es in Westdeutschland ist, das weiß ja unsereins gar nicht. Im »Neuen Deutschland« steht ja auch nicht so viel darüber. (Heiterkeit) Dann sagen die DDR-Leute wieder, stell Dir mal vor, ein Lehrer hier bei uns unterschreibt nicht, daß er für den Einmarsch in die Tschechoslowakei ist und verliert seinen Beruf und arbeitet heute noch als Hilfsarbeiter. Ja, sagen die dann, das ist natürlich schlimm, aber bei uns, da kann er überhaupt nicht herausgeschmissen werden, weil er gar nicht erst eingestellt wird. Ich habe diese, vielleicht etwas leider übertriebenen Beispiele aufgeführt, um Euch die ganze Absurdität dieses Streits vor Augen zu führen, denn ich weiß nicht, wie Ihr darüber denkt. Aber ich bin zu der Auffassung gelangt, daß es immer dort ist am schwersten zu leben, wo man wirklich lebt, z. B. wo man kämpft und sich einmischt auf Seiten des Fortschritts, je nachdem wie es ist in dem Land, in dem man gerade ist, oder was? (Beifall) In diesem Sinne ist es richtig, wenn man sagt, wie Hölderlin gesagt hat in seinem berühmten Brief an die Deutschen ›So kam ich unter die Deutschen‹ aus dem Hyperion, »wir sind Fremdlinge im eigenen Lande«. Was heißt das schon, daß gerade die Aufrichtigsten, Empfindsamsten, Leidenschaftlichsten, die nicht ertragen können das Unrecht, die Barbarei, die Ausbeutung, in dem Lande, in dem sie leben und nicht in irgendeinem Lande der Welt und sich dort einmischen, daß sie dort, wo sie zu Hause sind, eigentlich am meisten wie Fremdlinge sind.

›Das Hölderlin-Lied‹

In diesem Lande leben wir
wie Fremdlinge im eigenen Haus
Die eigne Sprache, wie sie uns
entgegenschlägt, verstehen wir nicht
noch verstehen wir, was wir sagen
die unsere Sprache sprechen
In diesem Lande leben wir wie Fremdlinge

In diesem Land leben wir
wie Fremdlinge im eigenen Haus
Durch die zugenagelten Fenster dringt nichts
nicht wie gut das ist, wenn draußen regnet
noch des Windes übertriebene Nachricht
vom Sturm
In diesem Lande leben wir wie Fremdlinge

In diesem Lande leben wir
wie Fremdlinge im eigenen Haus
Ausgebrannt sind die Öfen der Revolution
Früherer Feuer Asche liegt uns auf den Lippen
kälter, immer ältere Kälten sinken ins uns
Über uns ist hereingebrochen
solcher Friede!
solcher Friede!
Solcher Friede!

Könnt Ihr ein Gedicht aushalten? Es ist nicht von mir, es ist von Hölderlin, es gefällt mir recht gut. Hölderlin schrieb auch so etwas wie eine Bilanzballade. Ich weiß nicht im wievielten Jahr. Ein Gedicht, das heißt: ›Hälfte des Lebens‹.

Mit gelben Birnen hänget und voll mit wilden Rosen
das Land in den See, ihr holden Schwäne und trunken
von Küssen, tunkt ihr das Haupt ins heilig nüchterne
Wasser. Wehr mir, wo nehm ich, wenn es Winter ist
die Blumen und wo den Sonnenschein und wo die
Schatten der Erde.
Die Mauern stehn sprachlos und kalt im Winde
klirren die Fahnen.

Ich habe ein Lied geschrieben, jetzt gerade, bevor ich losfuhr, in dem nämlich die Landschaft, die der Hölderlin in diesem schönen Gedicht beschreibt, von den Birnen, die in den See hineinhängen, wieder hochgeholt ist. Es ist ein Leideslied und ich möchte, daß die Schlagzeuger hier unten mit den Apparaten mal einen Augenblick Pause machen, damit auch die Finger nicht steif werden. Nachher können sie weiter machen. Ich will mich hier um Gottes willen nicht unbeliebt machen. Aber dieses Lied ist so ein Leides- und es ist deswegen nämlich so übertrieben witzig, weil es zwei Schlußzeilen hat, die den Titel abgegeben haben für diesen Abend. ›Ich möchte am liebsten weg sein und bleibe am liebsten hier‹.

›Ich möchte am liebsten weg sein
und bleibe am liebsten hier‹
   Und als wir ans Ufer kamen,
...
und was wird mit unseren Freunden
und was wird noch aus dir, aus mir
Ich möchte am liebsten weg sein,
und bleibe am liebsten hier

Hier ist natürlich nicht hier. (Beifall)

Dieses Lied, diese beiden Zeilen habe ich nicht umsonst ausgewählt für heute abend. Sie drücken sehr genau den politischen Gemütszustand vieler junger Menschen in der DDR aus und vielleicht könnt Ihr diese Zeilen auch für Euch zweckentfremden. Es ist natürlich gut gesagt, hier bleiben und dort bleiben, denn das Dableiben in einem Land kann ja sehr viel Verschiedenes bedeuten. Das kann sein, daß man sich bequem in die Misere einrichtet. Man kann aus Faulheit irgendwo bleiben. Man kann auch bleiben, um irgendeine billige Karriere zu machen oder eine teuere. Man kann aber auch bleiben, um sich einzumischen.

Ich habe ein Gedicht geschrieben über die verschiedenen Möglichkeiten der Fortbewegung nach oben. Es ist ein Gedicht, angeregt durch eine sehr schöne Plastik des DDR-Bildhauers Fritz Cremer, das heißt ›Der Aufsteigende‹. Das ist so ein kleines Ding, ein Torso, aus Bronze, nackter Mann, der gerade in der Pose festgehalten ist vom Bildhauer, wo er aufsteigt.

›Fritz Cremer, Bronze, Der Aufsteigende‹
(gelesen)

Mühsam Aufsteigender
Stetig Aufsteigender
Unaufhaltsam aufsteigender Mann
...
... Oder steigt da die Menschheit auf
im Atompilz zu Gott und, was wir schon ahnten:
ins Nichts? (Beifall)

Ihr habt mir ja die Pointe versaut! Also gut. So viele Fragen um einen, der aufsteigt.

›Warte nicht auf bessere Zeiten‹

Manchen hör ich bitter sagen
›Sozialismus – schön und gut
Aber was ihr uns hier aufsetzt
Das ist der falsche Hut!‹
...
Wartet nicht auf bessre Zeiten
Wartet nicht mit eurem Mut ... (Beifall)

Das ist eigentlich ein altes DDR-Lied, für die DDR ein altes Lied, für die BRD Zukunftsmusik. Denn ich habe allerdings die Hoffnung, daß es auch in der Bundesrepublik sich mal ändert in Richtung auf eine sozialistische Gesellschaft. Das klingt vielleicht utopisch, wenn ich hier jetzt diese Gesellschaft gesehen habe, dieser Tage, die Autos, die Geschäfte, diese Menschen und alles. Habe ich gesagt, mein Gott, was soll bloß werden. (Beifall) Aber auf die Dauer wird auch Westdeutschland nicht drumrum können. Der Sozialismus ist nur dadurch zu vermeiden, indem man ihn aufbaut. Dann hat man ihn schnell hinter sich und kann zum Kommunismus vor ... Und ich weiß nicht, wie ihr darüber denkt, aber ich ... (Zwischenruf: Was verboten ist, macht uns gerade scharf) Ach nee, Mensch, das sind ja die alten Lieder. Naja, ist auch schön, aber das habe ich wirklich schon vergessen. Das paßt mir heute abend nicht mehr so richtig. Es ist zwar richtig, ist aber auch nicht richtig.«

(Wolf Biermann singt das Lied ›Was verboten ist ...‹ kurz an.)

»Naja, wenn wir nachher noch Zeit haben und fleißig vorangehen, ihr klatscht nicht so viel, ich rede nicht so viel, dann können wir hinten vielleicht noch etwas ranhängen – wirklich. Ich bin immer noch in einem Zustand, in dem man mich nach so langen Jahren bitten muß, nicht zu singen. (Beifall)

Ich meine aber allen Ernstes, daß ja die Bundesrepublik ein so hochentwickeltes Industrieland ist mit einer so großen, so bedeutenden Arbeiterklasse. Ja doch, das ist die Möglichkeit, die zur Wirklichkeit werden kann und muß.

Und das hört sich ulkig an, aber das ist ja ernst so. Und in der Bundesrepublik könnte dieser Weg vielleicht etwas leichter gehen, als er in der DDR gehen mußte. Die DDR hat es sehr schwer gehabt – nach dem Krieg. In diesem kleinen, weniger kräftigen Land, noch dazu einen Sozialismus serviert gekriegt von der Roten Armee, der eben, wie es in meinem ›Wintermärchen‹ heißt, ›halb Menschenbild, halb Tier‹ war. Ein anderer war nicht zu haben. Deswegen war er ja auch gut. Aber nun muß man ja nicht immer wieder die alten Fehler machen. Vielleicht können die Fehler in der DDR, die Erfahrungen, vornehmer ausgedrückt, auch etwas nützen. Aber natürlich nur, wenn man zur Kenntnis nimmt, wenn man die Gnade hat, sie zur Kenntnis zu nehmen, damit nicht alles umsonst ist. (Beifall) Dabei muß man auch immer zu weit gehen. Meine Freunde, meine Genossen in der DDR, werden oft behelligt mit dem Satz ›geht ihr da nicht ein bißchen zu weit‹. Ich meine wirklich, daß man zu weit gehen kann, man kann zu weit, zu weit gehen. Aber man muß zu weit gehen, auch das Zuweitgehen hat sein Maß. Merkt Ihr schon, auf welches Lied ich zusteuere?

›Ballade für einen wirklich tief besorgten Freund‹

Und wusch ich mit Liedern die brennenden Wunden
Wer hat sie gerissen? Na, ich doch wohl nicht!
Und hab ich Geschwüre, am Staats-Steiß gefunden
Erfunden, mein Freund, hab ich sie doch nicht!
...
Sie haben im Schädel sowohl Dreck als auch Stroh
Sie sind so dumm – und sie tun auch nur so.«

(Wolf Biermann gerät bei der Stelle ›... aber hier im Osten ...‹ aus dem Text und bemerkt): nein dort im Osten ... ach jetzt bin ich rausgekommen. Mit dem Osten und Westen, das ist verflucht. Das Lied könnt Ihr ja auf der Platte hören – nicht wahr. (Beifall)

Die guten Leute brauchen auch manchmal paar gute Leute und die Ermutiger brauchen Ermutigung.

›Ermutigung‹

Du, laß dich nicht verhärten
in dieser harten Zeit
Die all zu hart sind, brechen
die all zu spitz sind, stechen
...

Das Grün bricht aus den Zweigen
Wir wolln das allen zeigen
Dann wissen sie Bescheid. (Beifall)

Ja, ja, das ist ein Lied, das mir gut gefällt und das hätte ich bestimmt nicht schreiben können, wenn es nicht Meister Brecht gegeben hätte. Ich weiß nicht, wie es mit dem Brecht hier in der BRD ist. Ich glaube, von einigen wenigen Leuten wird er zum Denkmal degradiert und von vielen Leuten wird er einfach nicht gekannt. Brecht hat ein sehr schönes Gedicht geschrieben – ein großes Gedicht, vielleicht sein bestes. Mir gefällt es jedenfalls am besten.

Gedicht an die Nachgeborenen. Habt Ihr Lust, den dritten Teil davon zu hören? Ich kann es nämlich auswendig.

›Brecht, Deine Nachgeborenen‹ (Auszug)

Und sind wie taub von dem Schweigen um sie
Und sind wie stumm vom täglichen Siegesschrei
Immer noch feinere Leiden zufügen und
Brecht, deine Nachgeborenen
Von Zeit zu Zeit suchen sie
mich
heim (Beifall)

Bei mir um die Ecke ist gleich der Friedhof, wo der Brecht begraben ist. Da gehe ich manchmal spazieren. Da bricht das Grün aus den Zweigen, wie es im Lied heißt, nicht nur im symbolischen Sinne. Dort liegt aber auch die große Schauspielerin Helene Weigel und da liegt der Hegel. Ein sehr wichtiger Mann. Ja, ich habe in meinem Programm auch vorbereitet ein Gedicht über das Elend der Philosophie wie Hegel usw. Aber ich will Euch damit nicht behelligen. Ich habe mich vorher unterhalten mit Freunden. Die sagen: Mensch, du mußt dort, wo so viele Menschen sind, so dicke Dinger loslassen, nicht so feinen Pimmelkram, und da sind auch die vielen IG-Metall-Leute da. Ich bin so froh, daß hier so viele IG-Metall-Leute drin sind. (Unverständlicher Zwischenruf) Ich würde sehr gern was dazu sagen, aber ich möchte nicht unsinniges Zeug erzählen. Vielleicht willst Du etwas darüber sagen, denn Du lebst hier in diesem Lande, d. h. das heißt nicht, daß ich mich hier nicht einmischen will. Ich halte gar nichts von dieser Vornehmheit. (Zwischenrufe und Pfiffe im Saal) Also, der Kollege hat kein Mikrofon, das ist sehr schade. Ich habe nur noch gehört den Satz. Ich will ihn gerne übersetzen, ... Wir von der KPD (Zwischenrufe unverständlich, Pfiffe und Beifall wechseln sich ab)

Also, ich will nicht die Tatsache mißbrauchen, daß ich hier die Mikrofone habe und daß Ihr alle gekommen seid, um meine Lieder zu hören. (Beifall) Ich glaube, schon an der Tonart, in der der Freund dort sprach, sieht man, daß es sehr wichtig ist, was er sagt. Vielleicht ist es falsch oder halbfalsch oder halbrichtig, und wenn es in der Gewerkschaft Maßnahmen gegen Kommunisten gibt oder die sich dafür halten (Beifall) ... ja, hier ich soll Dich mitnehmen (Gelächter). Ich wäre sehr froh, wenn wir alle zusammen begreifen würden, daß z. B. die Beschreibung eines Friedhofes etwas sehr Lebendiges sein kann und etwas sehr Politisches. Auf diesem Friedhof bei mir um die Ecke liegt auch der große Komponist der Arbeiterklasse, Hanns Eisler. Mein verehrter Lehrer, dem ich sehr viel verdanke und da liegt der Genosse Wolfgang Langhoff, der Antifaschist, der Theatermann, der mitgearbeitet hat an der Schaffung des berühmten Liedes von den ›Moorsoldaten‹.

›Der Hugenottenfriedhof‹

Wir gehn manchmal zwanzig Minuten
Die Mittagszeit nicht zu verliern
Zum Friedhof der Hugenotten
Gleich hier ums Eck spaziern
...
Die Spatzen jagen sich wild
Wir halten uns fest und tanzen
Durch dieses grüne Bild

Dann freun wir uns und gehn weiter ...
(Beifall)

Wollen Sie ein kleines Gedicht-Lied hören über Meister Brecht. (unverständliche Zwischenrufe) Alle sollen reden, nein, nicht alle.

›Herr Brecht‹

Drei Jahre nach seinem Tode
ging Herr Brecht
vom Hugenotten-Friedhof
die Friedrichstraße entlang,
zu seinem Theater.
...

Und er lächelte
unverschämt – bescheiden und
war zufrieden.

Ja, man kann sich nicht nur über Tote freuen. Man muß sich auch mal über die Lebenden ...

›Die hab ich satt!‹

Die kalten Frauen, die mich streicheln
Die falschen Freunde, die mir schmeicheln
Die scharf sind auf die scharfen Sachen
Und selber in die Hosen machen
In dieser durchgerissnen Stadt
...

Der ganze deutsche Skatverein
Dies dreigeteilte deutsche Land
Und was ich da an Glück auch fand
Das steht auf einem anderen Blatt
– ich habe es satt (Beifall)

Ja, der kleine Mann. (Zwischenbemerkung: Pause!) Was, Pause? Och. Haltet Ihr noch ein bißchen durch? Ja, ich wollte doch die Pause ein bißchen später machen. Ich weiß nicht, nach welcher Ökonomie eine Show gemacht werden muß. Ich hab keine Übung darin, ist vielleicht auch kein Nachteil. Aber, Mensch, jetzt kommen noch so wichtige Sachen. Ich kann ja weniger reden und mehr singen. Naja, ist ja auch egal. Wir machen jetzt so weiter und dann ist gut. (Mäßiger Beifall) Ja, ich wollte über die Gewerkschaft reden und zwar über die Gewerkschaft in der DDR. Mögen die anderen über ihre Schande reden, heißt es bei Brecht – naja, jedenfalls nein, nein, ich wollte keine dunklen Andeutungen machen. Ich wollte sagen, daß sich die Gewerkschaft in der DDR selbst versteht als eine Art Transmissionsriemen der Partei zu den Arbeitern herunter. (Zwischenrufe aus dem Publikum) ... ja, ja, Lenin kann man auch gut mißverstehen, wenn man sich Mühe gibt. (Beifall) Außerdem stammt das schöne Bild vom Transmissionsriemen aus dem 19. Jahrhundert, wo so eine Kraftmaschine war und die lieferte dann eine Antriebswelle, und von dort betrieben die Transmissionsriemen die einzelnen Webstühle, Drehbänke usw. In der modernen Industrie hat jede Drehbank ihren Elektromotor. Das Bild ist jetzt etwas veraltet, aber wenn es richtig wäre, wäre es mir auch recht.

Das Problem ist, daß die Arbeiter es schwer haben, für ihre ökonomischen Interessen mit Hilfe der Gewerkschaft unmittelbar zu kämpfen, weil ja in der offiziellen Vorstellung bei uns in der DDR die Partei der Arbeiterklasse ja sowieso schon die Interessen der Arbeiter vertritt. Also muß auch niemand Gewerkschafter oder wer auch immer gegen die Partei und Staatsführung die Interessen der Arbeiter durchsetzen. Das mag in manchen Dingen sogar so sein. Ich will das gar nicht hier abtun, aber das hat natürlich auch seine Tücken. Und ich weiß nicht, wie das hier im Westen ist. In der DDR gibt es eine hochentwickelte Form der Selbsthilfe der Arbeiter, nämlich daß sie sich persönlich bereichern, daß sie klauen, dort wo sie arbeiten. Ich hab dagegen überhaupt nichts, außer daß ich dagegen sehr viel habe. Denn das mag zwar eine geeignete Methode sein, um sich einen größeren Anteil am gesellschaftlich erwirtschafteten Reichtum zu beschaffen. Aber das ist natürlich eine Form, die sehr kostspielig ist. Es gehen ungeheuere Werte dabei flöten. Es ist nicht übersichtlich. Man kann auch nicht immer zielstrebig klauen. Man hat auch mal was Falsches erwischt und es gehen auch unheimliche Reichtümer dabei kaputt. Außerdem, diejenigen, die so etwas machen, kriminalisieren sich dabei, auch nicht sehr günstig. (Unverständlicher Zwischenruf) Ach, die haben das meist gar nicht nötig, mein Freund. Aber das führt eben dazu, wie mir mal ein Genosse, der im Bauwesen beschäftigt ist, sagte: Weißt Du, das geht schon manchmal so weit, wenn man 10 Häuser bauen will, dann muß man eben 11 planen. Eins ist irgendwie dann weg. Das verwandelt sich dann auch in sehr nützliche Dinge, die sogenannten Datschen, wie es im DDR-deutsch heißt. Also die Wochenendgrundstücke. Da finden sich dann die verschiedenen Einzelteile aus den Großblöcken wieder. Ist ja auch gut und ich habe eine Romanze geschrieben.

›Romanze von Rita‹ –
Moritat auf die sozialistische
Menschengemeinschaft –
Ballade auf die plebejische Venus

Und ihr Mann kam spät von Arbeit
Rita öffnet ihm die Wohnung
Und er stand vor ihr mit stieren
Blicken, wirre Worte keuchend
...
Und die Moritat verendet
Und hier schrumpft auch die Ballade
Ein Roman schluckt Mann und Frau, und
Ihre neuen Kinder – leben

Bei der Passage »Als der ABV sie mahnte« gab Wolf Biermann die Erläuterung: »ABV ist der Abschnittsbevollmächtigte in jedem Straßenviertel. Dort wohnt immer ein Volkspolizist in einer normalen Wohnung und ist der ABV, der alle Leute dort kennt, gut kennt. (unverständliche Zwischenrufe aus dem Publikum) Was, beim ABV war ich auch schon dort. (Mäßiger Beifall)

Ich überspringe jetzt ein Lied. Wir haben mehr Zeit gebraucht, als ich denken konnte. Ich wollte das Lied singen ›Laß mich Deinen Rauchfang fegen, komm wir woll'n uns was erzählen von der guten neuen Zeit, Marie, und dann gehn wir auf die Straße und verbreiten Heiterkeit‹.

Das Lied haben wir hinter uns. Was brauchen wir die ganze Kunst dazu. Aber ein Lied, das wollte ich gerne hier vorspielen. Ich schrieb es für einen Fernsehfilm. Denn wir wollen uns doch nicht so bescheiden wie das Leben, das ich eben geschildert habe.

Es ist in der DDR vor kurzem ein ganz großartiger Film aufgeführt worden, ein sowjetischer Film. Er heißt ›Die Prämie‹. Wenn er mal hier gezeigt wird, oder wird er vielleicht hier schon gezeigt, solltet Ihr Euch unbedingt mal diesen Film anschaun. Dieser Film zeigt zum ersten Mal auf eine überzeugende sinnfällige Weise, daß die Arbeiterdemokratie in unserem Munde so oft eine schöne Phrase ist, gar keine Phrase sein braucht, daß die Arbeiter nicht nur das moralische Recht haben, ihre Angelegenheiten selbst zu regeln und nicht nur sich auch um gesellschaftliche Vorgänge im Ganzen kümmern sollen, sondern daß sie auch die Fähigkeit dazu haben. Wenn die Zeit länger wäre und wir wären hier nicht in so einer Show-Veranstaltung, dann würde ich lange und gerne Euch diesen Film erzählen. Aber das ist natürlich Wahnsinn. Ich habe ein Lied geschrieben: ›Das kann doch nicht alles gewesen sein‹

Liedtext aus dem Fernsehfilm ›Liebe mit 50‹

... Das kann doch nicht alles gewesen sein,
das bißchen Sonntag mit Kinderschrein,
das muß doch noch irgendwo hingehen, hingehen ...
...

und ich will noch ein paar Runden drehen,
und dann erst den Löffel abgeben, geben ...

Das Harmonium haut nicht richtig hin. Ich würde das lieber auf der Gitarre spielen. Aber das mache ich vielleicht bei der nächsten Veranstaltung. (Beifall)

Gegen die Bescheidenheit, gegen das sich bescheiden ein Gedicht.

›Tischrede des Dichters im zweiten mageren Jahr‹

Ihr, die ihr noch nicht ersoffen seid, Genossen
Im Schmalztopf der privilegierten Kaste
Ach, wie lange schon lag ich euch nicht in den Ohren!

...

Unter uns gesagt: Startet denn wirklich unser nächstes
Größeres Freßgelage, Genossen
Erst beim Leichenschmaus?!
Am Grabe der Revolution?!

Ich hab schon viele abhaun sehn aus der DDR. Ich kam 1953 in die DDR. Da waren die Nazis schon weg. Kein ... keine Träne nachgeweint, die Kapitalisten, weg damit, die Ärzte ..., die Großbauern, naja, wenn sie unbedingt nicht wollen. Aber was ist mit den Arbeitern, mit den Bauern, mit den Intellektuellen. Mit vielen empfindsamen, fortschrittlichen Leuten, die oft dunkle verworrene Vorstellungen hatten, wie wir doch alle mehr oder weniger. Die aber doch begeistert hätten werden können, am Aufbau einer sozialistischen Gesellschaft teilzunehmen. Daraus kann man noch lange kein Gedicht machen oder Lied. Aber wenn der gesellschaftliche Vorgang sich überschneidet, ein Rudiment der antiautoritären (Beifall) ... mach ruhig weiter, sagt er. Wenn also die gesellschaftliche Dimension sich überschneidet mit dem persönlichen Erlebnis, das einem ans eigene Herzfett geht, dann ist natürlich ein Lied, ein Gedicht möglich und fällig und ich schrieb damals, als der Sohn meines Freundes, meines Genossen Robert Havemann nach drüben abhaute, ein Lied. Flori Have hatte damals beim Einmarsch in die Tschechoslowakei eine tschechische Fahne aus dem Fenster gehängt und wurde dafür verhaftet und verurteilt und eingesperrt. Er kam dann raus. Es war sehr schwer für ihn, wieder Fuß zu fassen und eines Tages war er dann plötzlich weg. Das war sehr schmerzhaft, eben nicht nur im allgemeinen politischen Sinne, sondern auch im sehr persönlichen Sinn. Und ich schrieb damals ein Lied, mit dem ich Euch jetzt nicht behelligen will, ich will ein paar Strophen singen, wenn Ihr Lust habt, die mir heute noch wichtig sind. (Zwischenbemerkung Wolf Biermanns nach den ersten Takten: nee, das ist ja auch zu tief, Entschuldigung. Das ist heute meine erste Vorstellung. Ich bin noch nicht in der Routine eines alten Konzert-Gangsters.)

›Enfant perdu‹

Der kleine Flori Have-
Zwei-Meter-Mann, das brave
    das uralt kluge Kind
Ist abgehaun nach Westen

...

Trotzalledem, ich bleibe
Und singe hier und bleibe
    für Flori Havekind

Ja, dieses Lied war nötig. (unverständliche Zwischenrufe) Das finde ich sehr richtig. Diesen Hinweis aus der Bevölkerung, wie wir es in der DDR nennen. Du wirst gleich sehen: man wird Dich verdächtigen, ich hätte Dich bestochen, damit Du mir die Stichworte gibst. Aber so dramatisch ist das ja alles gar nicht, jedenfalls nicht hier im Saal. Dieses Lied hat mir in der letzten Zeit immer weniger gefallen, sonst hätte ich euch auch mit allen Strophen behelligt. Ich wollte es Euch nur vorführen, damit Ihr es noch einmal vor Augen habt. Wieso kann man von einem Jungen von 18 bis 20 Jahren sagen, er ist hinüber. Das wird sich erst mal zeigen. Und (Zwischenruf aus dem Publikum: Sitzt er nun vor oder hinter der Mauer?) Ich bin in der letzten Zeit durch eine Entwicklung in der DDR schmerzhaft darauf hingewiesen worden, daß dieses Lied nicht hinreichend ist. Denn ich habe bemerkt, daß dieses Lied ja eigentlich nur verdonnert, verurteilt. Was richtig ist, meiner Meinung nach, aber eben auch die Gründe akzeptiert, warum Leute überhaupt weggehen wollen. Ich glaube, daß man das tun muß, um vernünftig und mit Erfolg gegen die Republikflucht, gegen die ich natürlich nach wie vor hundertprozentig bin, zu argumentieren. Man kann das nicht so schlenkrig abtun und sagen, der ist nun hinüber. Diese schlenkrige Redeweise, falls es jemand noch von Ihnen, von Euch, interessiert, die kommt mehr aus der Trauer, als aus der ideologischen Kraftmeierei. Aber es gibt in der DDR in der letzten Zeit eine wahrhaft traurige Massenbewegung, nämlich die sogenannten Ausweiser. Leute, die sich so nennen, weil sie einen Antrag gestellt haben auf legale Ausweisung aus der DDR. Und das geschieht in einer Zeit, wo im Westen die Krise blüht, Arbeitslosigkeit, soziale Unsicherheit, was den meisten Menschen in der DDR sehr wohlbekannt ist. So dumm sind sie nicht. (unverständliche Zwischenbemerkung aus dem Publikum) Na, – Gott sei dank, andere Schwierigkeiten, für uns wichtigere, interessantere. Aber das ist mein Problem und mein Land! Leute also, die sehr wohl wissen, daß sie nicht in ein gemachtes Bett steigen werden. Und obwohl sie in einem Land leben, wo es allerdings soziale Sicherheit gibt, Stabilität, was für die Intellektuellen vielleicht nicht so wichtig und kostbar ist, aber für die Arbeiter, für das arbeitende Volk, eine sehr kostbare Sache. (Beifall) Aber, wie kommt es, daß gerade jetzt, wo es wirklich in der DDR besser wird, nicht nur, weil es im ›Neuen Deutschland‹ steht, das kommt natürlich noch strafverschärfend hinzu, wie kommt es, daß so viele Menschen, junge Menschen, und nicht nur irgendwelche Idioten, Querköpfe und Nazis oder so was, die sind nämlich längst weg, Gott sei dank, die habt Ihr hier auf dem Hals, wie kommt es, daß die weg wollen und das erledigt sich eben nicht mit dem Flori-Have-Lied. Und das Lied hilft auch nicht den Leuten, die wirklich weg wollen. Es ist mehr eine ideologische Krücke für Leute, die wirklich da bleiben wollen. (unverständliche Zwischenbemerkungen aus dem Publikum, u. a. wird vom unabhängigen sozialistischen Deutschland gesprochen) Du, ich darf Dich auslachen, aber ich werde Dich niemals erschlagen. Ja, mein Freund, ich mißbrauche die Phonstärke. Ich habe die russischen Panzer gesehen in verschiedensten Phasen des Geschichtsprozesses. Mein erstes Erlebnis in der DDR, als ich rüber kam in die DDR als 17jähriger, 1953 war der 17. Juni. Ich habe davon sehr wenig verstanden, weil ich sehr jung und sehr naiv war, wenn auch kommunistisch erzogen und aus meiner heutigen Sicht, die viele Wandlungen durchgemacht hat. Das wird ja wohl erlaubt sein, würde ich genauso wie mein verehrter Meister Brecht, den ich nie gesehen habe, persönlich, wenn die russischen Panzer kommen am 17. Juni und die faschistische Dimension, die auch in diesem 17. Juni war, niedermachen, würde ich verzweifelt und mit Tränen in den Augen die Mütze runterreißen und diese Panzer begrüßen, denn dieser 17. Juni hatte durchaus einen gefährlichen Januskopf. Er hatte zwei Gesichter. Er war schon ein demokratischer Arbeiteraufstand und noch eine faschistische Erhebung. (nicht klar verständliche Zwischenrufe aus dem Publikum; u. a. wird gesagt, daß die DDR heute ein sozialistischer Staat sei) Ich finde das sehr bedauerlich, daß hier im Fernsehen das, was der junge Mann dort oben auf der Tribüne sagt, nicht zu hören ist, weil er kein Mikrofon hat. Es wäre sehr lehrreich, denn er sagt schlimme Dummheiten. (Beifall und Pfiffe) Das wußte ich schon vorher. Ich glaube, solche Diskussionen sind sehr wichtig. Ich will nur hoffen, daß solche Leute nicht in den Besitz von Panzern kommen, sonst würden sie mich (Beifall) und viele meiner Genossen in der SED, deren Mitglied ich nicht mehr bin, und würden den Genossen Dubček niedermachen, im Namen des Stalinismus, und den Genossen Honecker niedermachen, im Namen ich weiß nicht welcher Theorie – mit Euch bin ich nicht einverstanden. (Beifall)

Wenn Ihr Lust habt, mache ich jetzt noch eine Sache mit Euch hier und hau dann ab nach Hause. – Das ist die reinste Planwirtschaft. Ich habe meinen Plan erfüllt. Und zwar ist dieses ein Gedicht mit Liedelementen, mit einem Liedrefrain.

Ich habe es gerade neu geschrieben und es ist ein sehr wichtiger Beitrag zu der Frage, die von hier rechts kam, womit ich nichts Politisches meinte und dieses Gedicht möchte ich ohne alle Sentimentalität und ohne allen Schmus den Arbeitern der IG Metall widmen, die mich eingeladen haben, hier zu singen.

›Legende vom sozialistischen Gang‹

Ihr großen Helden, macht Pause, kommt ran,
hört an die Geschichte vom
kleinen Mann Paul Kunkel,
Klempner, DDR-Prolet.
...
Ich bin auch lieber mittenmang,
es geht ja seinen sozialistischen Gang.
Jetzt geht, jetzt geht es seinen sozialistischen Gang.

Zur Erläuterung sagt Wolf Biermann, daß es in der DDR ein geflügeltes Wort gibt: »›Das geht seinen sozialistischen Gang‹. Das wird von den Funktionären oft bierernst gesagt. Das wird aber auch in etwas drolliger Weise gesagt. Es wird aber auch gesagt, wenn einer zu einem Arbeiter sagt, der einen Kipper fährt, wo Mörtel mit transportiert wird: ›Hör mal zu, ich brauch für meine Datsche ein bißchen Mörtel, ja, für seine Senkgrube oder was‹. Das sagt er: ›Ja. Ich fahre mal 'ne Biege über Grünau‹. Und dann haut er da die drei, vier Tonnen eben raus.

Und dann sagt der Arbeiter auch: ›Ja, Kumpel, das geht seinen sozialistischen Gang‹. Es ist ja auch ein bißchen Wahres dran.«

In den Beifall zu Wolf Biermanns Vortrag schaltet sich der Rundfunksprecher ein und sagt:

»Seien sie nicht überrascht. Sie hören immer noch die ›Radiothek‹. Aus aktuellem Anlaß übertragen wir aus der Kölner Sporthalle ein Konzert des Ostberliner Liedermachers Wolf Biermann, und wir haben uns entschlossen, dieses Konzert bis zum Ende der Veranstaltung zu übertragen. Deshalb wird sich auch das in den Zeitschriften ausgedruckte Programm des WDR II entsprechend verschieben oder gegebenenfalls ausfallen. Das wissen wir jetzt noch nicht so genau, weil wir nicht wissen, wie lange diese Veranstaltung dauern wird.«

Die Pause wird durch ein Interview und durch das Biermann-Lied »Kuckuck-Kuckuck« gefüllt.

»So, wir müssen uns hier ein bißchen beeilen. Das ist eine Gewerkschaftsveranstaltung hier und die machen alle Überstunden. Wie Ihr seht und wie ich sehe, ist es viel länger geworden als im Plan. Ich habe nicht so ein gutes Gespür, noch nicht wieder, dafür wie lange man noch singen kann, versteht Ihr, hmm?

Ich meine, wenn Ihr noch aushalten könnt. Ich bin noch ganz und gar fit. Ich war in den letzten Tagen wirklich sehr erkältet. Aber nun ist ja alles gut. Ich habe mich schon erholt beim Singen. Ein guter Plan, ein Plan ist immer gut, weil man dann genau weiß, was man nicht einhält.

Ich wollte sprechen über die gesunde Ökonomie, über den Seelenhaushalt. Diese gute Ökonomie stellt sich ein, wenn man nicht nur immer Schläge kriegt, sondern auch welche austeilt. Ich habe die Beobachtung gemacht an mir und auch anderen, daß man von vergleichsweise geringen Repressalien verschiedenster Art kaputt gehen kann. Daß man aber sehr viel bestens auf die produktivste Weise aushalten kann, wenn man sich wehrt, wenn man nicht nur geprügelt wird, sondern auch Prügel austeilt. Natürlich möglichst an die richtigen Leute. Bloß die, die dann geprügelt werden, sind nie der Meinung, daß sie die richtigen waren.

›Ballade vom Mann,
der sich eigenhändig beide Füße abhackte‹

Es war einmal ein Mann
der trat mit seinem Fuß
mit seinem nackten Fuß
in einen Scheißhaufen.
...

Jedoch im Unterschied
zu jenem obigen Mann
wächst der Partei manchmal
der Fuß auch wieder an.

(Zwischenbemerkung Wolf Biermanns: Ja, das ist ein Kinderlied.)
(Er fordert das Publikum auf zum Mitsingen.)

Als ich vor 12 Jahren in der BRD war, zu meiner ersten Tournee war ich auch hier in Köln, da stand in den westlichen Zeitungen, ich weiß nicht mehr in welchen: Biermann – ›Ulbrichts bestes Pferd im Stall, Bitterfelder Stall‹.

So richtig ans Herz gedrückt haben die mich erst, als ich verboten wurde. Aber ich glaube, Ihr hier könnt am besten beurteilen und nicht nur von heute abend, wo wir uns hier sehen, das ist ihnen nicht gelungen, mich ans Herz zu drükken. (Beifall)

Also, dieses Lied kommt wirklich auf eine Kinderplatte, die ich mal raushau, ist ja ein Kinderlied. Also, so lange der Fuß abgehackt wird, ist es sowieso ein Kinderlied und dann kommt eben die Strafe, nein – die Strophe, wo die Kinder dann sagen können: Mama, was ist eine Partei. Naja und das ist doch schon sehr viel. Ich glaube, dieses Lied wird weniger für die Kinder anstrengend als für die Erwachsenen.

Ich will jetzt das ›Ah-jaa‹-Lied singen und dazu muß ich, weil viele es nicht wissen, wenigstens vorher sagen, daß die Mitglieder des Politbüros der SED nicht dort wohnen, wo die Berliner wohnen, in der Stadt, sondern in einem Ghetto, eingezäunt von Stacheldraht, Mauern, umgürtelt von Kasernen, in Wandlitz. Ich glaube nicht, daß sie dort so ein Luxusleben führen wie oft die Leute vermuten. Ich glaube, das ist auch nicht der Punkt. Ich glaube, diese Leute leben viel bescheidener als sich manche große Kritiker der Bürokratie vorstellen. Das Schlimme ist, daß sie eben so isoliert sind. Daß die Arbeiterführer hinter Stacheldraht leben im Arbeiter-und-Bauern-Staat. Und über diese Tatsache gibt es nur eine Strophe in dem Lied. Aber die Leute in der DDR nehmen sich diese

Strophe raus und sagen nicht, sing mir das ›Ah-jaa-Lied‹, sondern, singen wir das Wandlitz-Lied.

›Ah-jaa-Lied‹

Die Finsterlinge – na grade die!
Reden vom Morgenrot
vom lichten Morgenrot
...
– sagen sie!
Die wär dafür in Kraft
die wäre hier in Kraft ...
Ah jaa!!

›Portrait eines Monopol-Bürokraten‹ – ich nicht – Teile und Herrsche, kennt Ihr den Satz? Die Bourgeoisie aber auch!

›Portrait eines Monopolbürokraten‹

In deinem Land ist die Revolution
Lebendig
Begraben Genosse, du feierst zu früh, zu
Lange schon dauert der Leichenschmaus
...
Dieses Gedicht, warum empört es dich?
Warum äffst du die Bourgeois nach?
Warum zitterst du so vor der Diktatur
Des Proletariats? (Starker Beifall)

Man geht dann nicht kaputt, wenn man sich wehrt in diesem Sinne, daß man lobt, was fortschrittlich, gut ist, in der Welt passiert und sei es auch nicht im eigenen Lande. Ich schrieb damals ein Loblied auf den Prager Frühling, auf die Revolution in der Tschechoslowakei.

›Noch‹

Ein kleiner Regen hat mich gewaschen
Am Himmel ziehn leere Brauseflaschen

Fabrikschlote wuchern drüben am Hang
Rauchnasen laufen den Windweg lang
...

Das Land ist still.
Die Menschen sind noch immer wie tot
Still. Das Land ist still. Noch. (Beifall)

(Unverständliche Zwischenrufe und Pfiffe)

Außerdem noch gibt es in der DDR noch sehr stille Ecken, die nicht aus diesem traurigen Sinne still sind. Es gibt in der DDR eine kleine Stadt. Die liegt am Achterwasser. Achterwasser liegt hinter der Insel Usedom, wo der Strom, die Peene, vorbei fließt, in der Nähe der Ostsee. Diese Stadt liegt gerade an so einer Ecke, wo die großen Straßen vorbeigehen. Die ist irgendwie vergessen worden, aber nicht nur vom Sozialismus, sondern auch vom Kapitalismus. Das letzte Wichtige, was dort, glaube ich, passiert ist, da wohnen Fischer und Möbeltischler, das war vor ungefähr 300 Jahren. Da kam da mal ein schwedischer Kapitän, der hat einen Affen mitgebracht mit einem kleinen Matrosenlatz und hat sich dort verheiraten lassen – trauen lassen. Und dann ist dort auch die Losung vom VIII. Parteitag.

›Ballade von der alten Stadt Lassan‹

Am Peenestrom, am Peenestrom
da liegt ein Wrack aus Holz und Stein
seit fünfmal Hundert gleichen Jahren
die alte Stadt Lassan
...

Der Schwede lachte
der Affe hing Kopf unten im Mastkorb
und winkte verwegen
und eine Fahne flattert am Mast
dem IX. Parteitag entgegen.

So, wir können ja nicht ewig in der Idylle bleiben. (Zuruf aus dem Publikum: Wolf Biermann soll etwas Kämpferisches singen) Du brauchst wohl ein bißchen Kraft in die Knochen. Ich glaube, da wird Dir auch ein Lied nicht helfen. (Beifall)

Ja, man kann auch durch die Lupe der Idylle die Realität sehen. Ich will jetzt gleich das Kunze-Lied singen. Und das Lied kann ich leider nicht so einfach singen, ohne zu sagen, daß Reiner Kunze mein Freund ist, daß ich mit ihm solidarisch bin. Aber das ist nur die halbe Wahrheit. Kunze ist nicht mein Genosse. Er ist mein Freund. In den letzten Tagen, als ich in der DDR war, habe ich viel Zeit dafür verbracht, statt mich vorzubereiten, um mit vielen meiner Kollegen Schriftsteller, Liedermacher, wie mit meinem Freund Gerulf Pannach, dem Liedermacher aus Leipzig, mit dem jungen Schriftsteller Jürgen Fuchs, mit ›Cuno‹, auch mit meinem Genossen Havemann, über die Ausschließung des Reiner Kunze aus dem Schriftstellerverband zu reden. Alle meine Freunde unter den Schriftstellern, womit ich nicht sagen will, daß alle Schriftsteller meine Freunde sind, sind empört von den neuesten Repressalien über Reiner Kunze. Sie fühlen sich selbst bedroht, denn Reiner Kunze selbst persönlich geht es bestimmt nicht so schlecht wie manche Leute es ihm wünschen. Aber sie betrachten die Art und Weise, wie hier ein Schriftsteller gemaßregelt wird, als einen Angriff auf sich selbst. Am letzten Tag, bevor ich abfuhr, besuchte mich mein Freund Jurek Becker, der Autor des Romans ›Jakob der Lügner‹ und hat mich beauftragt, bei jeder öffentlichen Gelegenheit, also auch heute, mitzuteilen, daß er genauso wie viele andere Kollegen unter den Schriftstellern der DDR leidenschaftlich protestieren gegen den Ausschluß Kunze's aus dem Schriftstellerverband und gegen andere Repressalien. (Beifall) Jurek Becker hat es dabei nicht nötig, mich als Sprachrohr zu benutzen. Er selbst hat mir gesagt, daß er jede Gelegenheit benutzt, bei öffentlichen Lesungen in der DDR genau das zu sagen. Jurek Becker und ich sind uns aber auch einig, daß hier gerade im Fall unseres Kollegen Kunze kritische Solidarität im wirklichen Sinne des Wortes angebracht ist, denn die Position, von der aus Reiner Kunze die DDR kritisiert, ist nicht unsere Position. Wir sind Kommunisten. Wir sehen die Schwächen, Fehler, die verschiedenen Formen bürokratischer Barbarei in der DDR bestimmt nicht weniger deutlich als unser Freund Kunze, aber wir sind der Meinung, daß die DDR trotz alledem eine große Errungenschaft für die deutsche Arbeiterklasse ist, daß sie kostbar ist, daß der Weg des Sozialismus dort unter Mühen und mit Rückschlägen beschritten wird und daß dieses große gesellschaftliche Experiment wichtig ist und weiter geführt werden muß und in diesem Punkt haben wir auch eine andere Haltung als Freund Kunze.

Um es ein bißchen kurz und deutlich zu sagen, auch für die vielen bürgerlichen Pressemenschen, die versuchen werden, das, was ich hier sage, für sich auszuschlachten. (Beifall) Kunze hat keine faschistische Literatur geschrieben. Er hat nicht zum Krieg aufgehetzt. Alles was er geschrieben hat über die DDR, ist die Wahrheit. Er hat nicht gelogen. Aber wir sind der Meinung, wir kommunistischen Schriftsteller, daß man auch mit traurigen Wahrheiten über das Leben in der DDR lügen kann, über die einzige Hoffnung, die die Menschheit hat und auch die Bevölkerung der DDR, nämlich den Sozialismus. (mäßiger Beifall)

(Nur teilweise verständliche Zurufe aus dem Publikum: ... daß oppositionellen Jugendlichen in der DDR grundsätzlich verboten, zum Weltjugendfestspiel zu fahren, wie sie von der Volkspolizei mit Hunden im Zug zurückgeleitet wurden. Nun frage ich Dich, wie kannst Du das hier als Sozialismus rechtfertigen ... Zwischenrufe, Pfiffe ... ›Meiner Meinung nach kann man das in der DDR nicht als Sozialismus bezeichnen, sondern man muß aussprechen was es ist: ein faschistischer Staat.)

(Wolf Biermann antwortet): Ich höre sehr, daß alles, was diese Frau gesagt hat, deutlich zu hören war. Es war ein reaktionärer Unsinn in meinen Augen. (Pfiffe, Beifall) Diese Pfiffe sind für mich willkommene Begleitmusik. Ihr müßt noch etwas lauter werden. Ich bin allerdings der Meinung, daß das, was sich in der DDR entwickelt, eine sozialistische Gesellschaft ist. Ich bin der Meinung, daß der Sozialismus kein Zustand, sondern ein sehr komplizierter Prozeß ist (Beifall) und ich bin weiterhin der Meinung, daß Menschen, die solche Ansichten vertreten, wie Ihr, diesen Prozeß in keiner Weise unterstützen können. (Beifall) So – und nun das Kunze-Lied, als eine deutliche, öffentliche Demonstration der Solidarität mit dem DDR-Schriftsteller Reiner Kunze.

(Wolf Biermann spielt auf dem Harmonium. Nach den ersten Takten bemerkt er): Das ist ja tief. Meine Stimme ist jetzt schon heiser und spiele etwas höher.

›Selbstportrait für Rainer Kunze‹

An Bitternis mein Soll hat ich geschluckt
Und ausgeschrien an Trauer was da war
Genug gezittert und zusammgezuckt
Das Kleid zerrissen und gerauft das Haar.
...
Es ist schön finster und schön licht
Gut leben und gut sterben
Wir lassen uns die Laune nicht
Und auch kein Leid verderben
Ach du, ... (Beifall)

So, nun haben wir es bald geschafft. Ich habe mir vorgenommen, damit es nicht zu langweilig wird, bei den Auftritten, die ich in diesen Tagen machen werde, nicht immer dasselbe zu singen. Ihr seid heute durch Willkürakt dazu verdonnert, lauter DDR-Sachen zu hören. Ich habe ein anderes Programm vorbereitet, in dem ich nur Lieder singen werde vom antifaschistischen Kampf in Chile, Spanien, Vietnam. (Zwischenrufer fordern das Che-Guevara-Lied) Das wäre die bequemste Methode, Euch loszuwerden. Ich meine, ich kann ruhig das Che-Guevara-Lied singen. (Beifall)

›Comandate Che Guevara‹

Uns bleibt, was gut war und klar war:
Daß man bei dir immer durchsah
Und Liebe, Haß, doch nie Furcht sah

Comandante Che Guevara
...

Der rote Stern an der Jacke
Im schwarzen Bart die Zigarre
Jesus Christus mit der Knarre
– so führt dein Bild zur Attacke
Uns bleibt, was gut war und klar war ...
(Beifall)

Ich will heute abend das Lob der verschiedenen politischen Sekten singen, denn ich glaube, man muß das Problem der Sekten, über die sich sehr leicht sagen läßt, daß sie unsinnig sind, auch mal von der produktiven Seite her sehen. Denn ist es nicht so, daß alle diese verschiedenen Gruppen ein Teilaspekt des großen gesellschaftlichen Prozesses zum Zentrum ihres Denkens gemacht haben. Es ist doch an fast allen diesen Gruppen etwas Kostbares dran. Was falsch ist, ist doch nur, daß sie ihre Erkenntnis, ihre Seite der Sache zur Hauptsache der ganzen Weltrevolution machen wollen. (Beifall) Wenn nämlich an diesen verschiedenen politischen Gruppierungen nicht auch etwas Schöpferisches, politisch Produktives wäre, dann wäre meine Aufforderung, sich zusammenzuschließen, eine Phrase. (unverständlicher Zwischenruf aus dem Publikum)

›Lied vom roten Stein der Weisen‹

Den Roten Stein der Weisen, gib zu!
Den gibts doch nicht. Genosse, auch du
Den gibt es doch nicht, Genosse, auch du
du hast ihn nicht gefunden.
...

Genossen, fragt nicht penetrant
Wie im Märchen hirnverbrannt:
Wer ist der Linkste ganzen Land?
– das kann kein Spiegel sagen. (Beifall)

(Wolf Biermann singt die erste und zweite Strophe noch einmal. (Lang anhaltender Beifall, rhythmisches Klatschen, einzelne Pfiffe, Rufe nach Zugabe)

›Ballade vom Kameramann‹

Genossen, nun sagt was! Erinnert sich keiner
Mensch, wenigstens einer! Es muß hier doch
einer
Den Namen noch wissen und wo und wann
Er starb in Chile, der Kameramann!
...

Der Kameramann zielt genau auf den Mann
Der Mann legt genau auf die Kamera an
Dann wackelt das Bild, der Film reißt ab
– das ist es, was ich gesehen hab:

Ach, Macht kommt aus den Fäusten ...«
(Langer Beifall)

(Sendesprecher): »Ja, und soweit unsere Übertragung aus der Kölner Sporthalle vom ersten Konzert des Ostberliner Liedermachers Wolf Biermann seit 11 ½ Jahren und es geht auch in den nächsten Tagen weiter. Ein paar Termine weiß ich. Die gebe ich einfach mal durch. Das ist also am 16. 11. in der Ruhr-Universität in Bochum, am 19. 11. auch in Bochum in der Ruhrland-Halle, am 21. 11. in Fellbach, das ist bei Stuttgart, am 22. 11. in Recklinghausen, so viel ich weiß, passiert das da zusammen mit Walter Mossmann, am 24. 11. in München und am 27. 11. in Hamburg. Die restlichen Termine von den 10 Veranstaltungen weiß ich nicht und diese ganzen Durchsagen sind alle ohne Gewähr.

Für uns ist jetzt Zeit, Schluß zu machen. Für die technische Durchführung waren heute zuständig Manfred Hill und Georg Glitzinger. Die Redaktion hatte Lothar Fendt und ganz sparsam am Mikrofon heute war Ulrich Lux.«

4. Akt: Die Ausbürgerung

Das Konzert wurde gesehen und gehört, in der DDR, aber auch in der BRD. Wie hoch die Einschaltquoten in beiden Teilen Deutschlands waren, ist heute nahezu unmöglich herauszufinden. Das Publikum an den Fernsehschirmen und Radiogeräten bestand jedoch vornehmlich aus jungen Menschen und unzufriedenen Intellektuellen.

Aus den Ankündigungen geht hervor, daß sich die Veranstalter nicht sicher waren, welche Reaktionen dieses Konzert in der DDR, insbesondere bei ihrer politischen Führung, haben würde. Auf der Hand lag, daß ein Konflikt vorprogrammiert war. Es war schon damit zu rechnen, daß die Politbürokratie versuchen würde, auf ihre Weise mit Wolf Biermann klar zu kommen. Beim Publikum in der DDR wurde mit der Ausbürgerung nicht gerechnet. Wichtig war nur, daß einer, vor allem über die Medien und nicht nur in kleinen Räumen, es einmal so sagen würde, wie viele es empfanden. Wolf Biermann selbst schien um die Möglichkeit seiner Ausbürgerung zu wissen, glaubte aber nicht recht daran. Seine Reaktionen unmittelbar auf die Ausbürgerung wären sonst andere gewesen.

Immerhin, es dauerte mehr als 48 Stunden, ehe am 17. November, ab 16 Uhr über ADN und nachfolgend über alle Fernschreiber der Nachrichtenagenturen die Meldung tickerte: »Biermann das Recht auf weiteren Aufenthalt in der DDR entzogen«.

Es war eine jener sachlichen, zynischen Meldungen in Stil und Tonart, die im Sommer des Jahres 1989 (»Wir weinen ihnen keine Tränen nach«) selbst bei wohlmeinendsten Mitgliedern der SED ohnmächtige Wut hervorrief oder ihnen Tränen der Scham in die Augen trieb.

Berlin (ADN):
»Die zuständigen Behörden der DDR haben Wolf Biermann, der 1953 aus Hamburg in die DDR übersiedelte, das Recht auf weiteren Aufenthalt in der Deutschen Demokratischen Republik entzogen.

Diese Entscheidung wurde auf Grund des ›Gesetzes über die Staatsbürgerschaft der Deutschen Demokratischen Republik – Staatsbürgerschaftsgesetz – vom 20. Februar 1967‹,

Paragraph 13, nach dem Bürgern wegen grober Verletzung der staatsbürgerlichen Pflichten die Staatsbürgerschaft der DDR aberkannt werden kann, gefaßt. Biermann befindet sich gegenwärtig in der Bundesrepublik Deutschland.

Mit seinem feindseligen Auftreten gegenüber der Deutschen Demokratischen Republik hat er sich selbst den Boden für die weitere Gewährung der Staatsbürgerschaft entzogen.

Sein persönliches Eigentum wird ihm – soweit es sich in der DDR befindet – zugestellt.«

Zu dieser ADN-Meldung veröffentlichte das SED-Zentralorgan »Neues Deutschland« und – wie üblich auch alle anderen Zeitungen der CDU, NDPD, LDPD und DBD – einen Kommentar von Dr. Günter Kertzscher, der diesen staatlichen administrativen Akt rechtfertigen und erklären sollte.

Was aber war dieses Konzert wirklich? Warum kam es zur Ausbürgerung? War es tatsächlich eine solche Ungeheuerlichkeit, die zu einem Vorgang führen mußte, der sich seit dem faschistischen Deutschland noch nicht wiederholt hatte?

War es die blindwütige Reaktion, auch geprägt von Ohnmacht und vielleicht sogar unterspült von einer Spur des Ahnens der Realität des Biermannschen DDR-Bildes aus seinem Kölner Konzert? Oder sahen deutsche und sowjetische Parteiideologen, von Kunst und ihren »Bildern« so viel verstehend wie ..., hier den Beginn eines zweiten Prager Frühlings, nur eben in der DDR und deshalb um ein zigfaches gefährlicher?

Warum wurden alle jene bei der Entscheidungsfindung in dieser Problematik regelrecht »ausgeklinkt«, die von Kunst, deren Wirkungen und Grenzen, etwas verstanden und deshalb Vernünftigeres vorgeschlagen hätten? War es also der vielleicht tiefe Haß und die verhängnisvolle Furcht vor Menschen, die weitsichtiger, klüger dachten als jene, die die Macht hatten und behalten wollten? Was also war es?

Die endgültige Antwort kann heute wahrscheinlich niemand geben, denn sie hängt augenscheinlich mit dem Grundkonflikt dieser Epoche, dem Entstehen und rasanten Zusammenbruch des sozialistischen Weltsystems, zusammen.

Eine Tatsache ist, und die bestärkt alle jene, die den Versprechungen der Parteiführung nach mehr Demokratie im Alltag keinen Glauben schenkten, daß sich nie ernsthaft und vor allem konsequent in den staatlichen und politischen Gremien mit den politischen und künstlerischen Absichten von Wolf Biermann beschäftigt worden war.

Die Einschätzung seines Schaffens war geprägt aus einer seltsamen, jedoch nicht seltenen Mischung von Einseitigkeit: Er stand mit dem Klassenfeind im Bunde, weil er das Politbüro, damit stellvertretend alle Funktionäre und logischerweise also die ganze Partei beschimpfte, verunglimpfte. Es stimmte so nicht und stimmte doch. Allein das schon genügte, um über ihn den Stab zu brechen, denn er diente damit dem Feind. Zu fragen, ob und in welchem Maße er vielleicht recht haben könnte mit seiner ätzenden, manchen auch verletzenden Kritik, stand nie zur Debatte. Klassenkampf und Selbstgefälligkeit überschatteten alles. Hinzu kam, daß Wolf Biermann des Lebens Genüsse liebte. Das war verständlich, denn die »Revolutionäre« des Jahres 68 hatten auch ein anderes, der bürgerlichen Bigotterie entgegengesetztes Lebensgefühl hervorgebracht. Also wurden ihm noch Unmoral, sexuelle Ausschweifigkeit unterstellt. Da in der DDR in jenen Jahren über Liebe, Lust, Erotik und Sex noch hinter ziemlich vorgehaltener Hand geredet wurde, weil auch hier eine andere Art von Puritanismus herrschte, war damit ein weiteres Argument gegen ihn zur Hand, was ihn als unliebsame Person ausweisen konnte. Seine Sprache, oft rüde und vulgär, vor allem dann, wenn die Lieder nur gelesen wurden, nicht auch die Dynamik der Stimme zu hören war, stempelten ihn außerdem zu einem »kulturlosen« Menschen. So setzte sich im wesentlichen das Denkmuster über ihn zusammen.

Es war folglich regelrecht logisch, daß nicht nur die Welt von der Ausbürgerung über Nacht erfuhr, sondern auch diejenigen, die im Auftrag der Partei standen, Kulturpolitik zu betreiben.

Das zuständige Politbüromitglied, Kurt Hager, die Kulturabteilung des ZK der SED und der Minister für Kultur erfuhren wie alle anderen zuerst aus der »Aktuellen Kamera«, wie Honecker und Mielke entschieden hatten. Ein auch auf dieser Ebene unglaublicher, mit unendlichem Mißtrauen gegen die »eigenen« Genossen belasteter Vorgang. Der damalige Minister für Kultur der DDR, Dr. Hans-Joachim Hoffmann, erinnert sich im Mai 1991:

»Frage:
Sind Sie in die Entscheidung ›Ausbürgerung‹ einbezogen worden?
Antwort:
Nein, in keiner Phase. Selbst Kurt Hager war überrascht und betreten. Wir fuhren am nächsten Tag nach diesem einsamen Beschluß zwischen Honecker und Mielke nach Gummlin, um die Bildhauer Engelhard, Middell und Stötzer zu treffen, die an den Kunstwerken des Marx-Engels-Forums arbeiteten. Daran hat auch Erich Honecker teilgenommen, anschließend fand ein gemeinsames Mittagessen statt. Mit keinem Wort hat jemand die Ausbürgerung von Wolf Biermann erwähnt, obwohl die westlichen Medien ständig darüber berichteten und eine starke Kampagne lief. Ich fuhr mit Kurt Hager wieder nach Berlin zurück, er war in einer verbitterten Stimmung und wollte keine politischen Aktivitäten einleiten. Eine gewisse Gegenkampagne gegen den vielfältigen Protest im Lande organisierte in den folgenden Tagen Werner Lamberz, in enger Abstimmung mit E. Honecker. In der darauf folgenden Sitzung des Politbüros wurde versucht, Hager für das Verhalten einiger Künstler und anderer Intellektueller verantwortlich zu machen. Es gab keinerlei Ansätze, über die Ursachen dieser Vorgänge nachzudenken.
Frage:
Wann und wo haben Sie die Entscheidung erfahren? Was haben Sie dabei gedacht und was waren die ersten Reaktionen des Ministeriums für Kultur der DDR?
Antwort:
Kein Verantwortlicher auf kulturellem Gebiet ist jemals danach gefragt worden. Es gab keine Beratungen oder Absprachen. Alle wurden vor vollendete Tatsachen gestellt. Ich glaube, daß diese Maßnahme, wie so viele andere, aus Verärgerung und spontan eingeleitet wurde. Schwere Probleme glaubte man sowieso, am wirksamsten mit den Sicherheitsorganen lösen zu können. Geistige Auseinandersetzungen waren in der Führung der SED ohnedies verpönt. Sicher hat hier die geistesfeindliche und sektiererische Grundeinstellung und der Mangel an humanistischer Bildung bei der

Mehrzahl der Mitglieder der Partei- und Staatsführung ebenso dazu beigetragen, wie die traditionelle Mißachtung der Künste und der Künstler in der kommunistischen deutschen Arbeiterbewegung. Vor allem auf diesem Gebiet hat man wohl auch am stärksten die Praktiken der KPdSU unter Stalin und Breshnew kopiert. Jeder Versuch, die Erkenntnisfunktion der Künste zu nutzen, ist in den letzten zwanzig Jahren des Bestehens der DDR meistens gescheitert. Man akzeptierte Kultur und die Künste bestenfalls als Fortsetzung der Agitation und Propaganda. Deshalb bestand auch zwischen der Informations- und Kulturpolitik ein unüberwindbarer schizophrener Gegensatz.

Frage:

War mit einer solchen Entscheidung zu rechnen? Gab es andere Entscheidungsvorschläge?

Antwort:

Die 6. Tagung des Zentralkomitees nach dem VIII. Parteitag war ein Versuch, die unsäglichen Übergriffe der vergangenen Jahre zu korrigieren und die gestörten Verhältnisse zwischen vielen Künstlern und der Partei zu überwinden. Aber bereits während dieser Tagung meldeten sich starke sektiererische Kräfte, allerdings nicht öffentlich. Um so stärker wurde insgeheim der Widerstand gegen diese Kulturpolitik organisiert. Das kollidierte natürlich mit den Hoffnungen bei vielen Künstlern. Man glaubte, daß nun wirklich eine neue Periode ihrer Mitarbeit und Verantwortung beginnen würde. Das mußte schließlich zu neuen Widersprüchen führen. Dieser Situation hat am klarsten und wohl auch am wirkungsvollsten Wolf Biermann mit seinen Versen und Liedern Ausdruck gegeben. Wie nach bekannter feudaler Sitte glaubte man, eine schlechte Nachricht aus der Welt zu schaffen, wenn man seinen Überbringer beseitigte. Auch und vor allem in diesem Lichte sehe ich das dumme und blindwütige Vorgehen gegen Biermann, der dem Land hätte großen Nutzen bringen können und für den immer ein Platz gewesen wäre. Das aber überstieg den Horizont der immer mehr zurückbleibenden Führung.

Natürlich habe ich solche Zusammenhänge damals nicht

so gesehen und erkannt, wie das heute, mit diesem zeitlichen Abstand und im Ergebnis der politischen Ereignisse besser möglich ist. Über vieles wird sicher weiter gründlicher und umfassender nachzudenken sein.«

Die andere Seite rechnete jedoch mit dem Fakt der Ausbürgerung. Nicht anders ist zu interpretieren, daß einem Mann, der sich als Kommunist bezeichnete, soviel Sendezeit in den Medien bei seinem Kölner Konzert eingeräumt wurde. Ein für die BRD selbst nicht nur damals, sondern auch heute noch ungewöhnlicher Umstand. Zweimal wurde gesendet: zweieinhalb Stunden am 16. November über die dritten Programme und viereinhalb Stunden, also in voller Länge, in der ARD. Einer der damaligen Mitarbeiter des ARD-Büros in Ostberlin, Armin Beth, sprach in einem Interview mit WDR II am 16. 11. 1976, am Vortag der Ausbürgerung, auch davon, daß den in der DDR akkreditierten Journalisten Wetten angeboten worden seien, daß Biermann nicht wieder in die DDR zurückgelassen werde.

In der »Frankfurter Rundschau« vom 20. 11. 1976 wird der Leiter der Programmgruppe Kultur im WDR, Hans-Gert Falkenberg, zitiert, wobei er wissen läßt, daß »das föderalistische System der ARD auf der Höhe der politischen Situation (war) und sinnvoll reagiert (hat)«. »Gegenüber der ›Frankfurter Rundschau‹ erläuterte Falkenberg die Entscheidung der ARD-Programmredaktion, statt der für Freitagabend im Ersten Programm vorgesehenen Spielfilme kurzfristig Biermanns Auftritt in der Kölner Sporthalle ›aus politischen, menschlichen und nationalen Gründen‹ ungekürzt und unverändert als ›authentisches Zeitdokument‹ bundes- und damit auch DDR-weit auf den Bildschirm zu bringen: ›Es ist das erste Mal möglich, eine Regierung vor ihrer eigenen Bevölkerung der Lüge zu überführen‹.«

Bürgerlicher Journalismus hat seine eigenen Gesetze, ist der öffentlichen Meinung, damit der Demokratie verpflichtet. Er steht aber auch in der Pflicht des Marktes. Und er wird damit von der vorherrschenden Politik in die Pflicht genommen.

Als Fazit bleibt, daß der Akt der Ausbürgerung von Wolf Biermann zu den finstersten Kapiteln der Politik der SED-Führung zählt, weil er vor allem an die unselige Tradition des deutschen Faschismus im Umgang mit Andersdenkenden anknüpft, zumindest Parallelen aufweist. Und, das bleibt leider nicht erspart festzustellen: er wurde vollzogen von Männern, die unter eben jenem Faschismus gequält und erniedrigt worden waren. Ein derartiger Hinauswurf aus dem eigenen Land hat sich in dieser Schärfe und Brutalität nie wiederholt. Aber die Formen wurden später modifizierter, moderater.

5. Akt: Die Reaktion

Die Nachricht von der Ausbürgerung Wolf Biermanns schlug fast im wörtlichen Sinne wie eine Bombe ein. Er, der deutsche Francois Villon, der unbequeme, aber irgendwie diesem Land, seinen Zielen verpflichtete Barde, war hinausgeworfen worden. Heinrich Böll beschrieb unmittelbar danach jenen Akt so, wie er von den Intellektuellen und den Fans auch empfunden wurde: als Heimatvertreibung auf sämtlichen Ebenen seiner Existenz: als Poet, als Staatsbürger, als politisch denkender Mensch, als politisch sehr bewußter, sich sehr genau artikulierender Mensch.

Die Ausbürgerung rief eine Reaktion in der DDR, der BRD und in Europa hervor, die einmalig war.

Wolf Biermann und seine Freunde, insbesondere Robert Havemann, haben sich immer als Kommunisten verstanden. Sie lehnten die Gesellschaftsordnung der BRD ab. Sie wollten Veränderungen in der DDR, einen demokratischen Sozialismus, und sie stellten sich gegen jene, die den Weggang aus der DDR den inneren Veränderungen vorzogen. Sie hatten wie viele gehofft, daß die im Sommer 1976 in Berlin stattgefundene Beratung der Arbeiterparteien Europas, die damit verbundene, bislang nicht praktizierte ungekürzte Veröffentlichung aller Reden, ein Signal für vorsichtige Änderungen in der DDR sein würde.

Wolf Biermann war fassungslos, sagte geplante Konzerte vorerst ab. Zwei Tage nach Bekanntgabe der Ausbürgerung stellte sich Wolf Biermann in Köln der Presse und gab eine Erklärung ab:

»Ich besitze einen gültigen DDR-Reisepaß mit einem gültigen Aus- und Wiedereinreisevisum. Ich möchte Ihnen mitteilen, daß ich diese schändliche und schädliche Ausbürgerung nicht hinnehme, und sie sollen wissen, daß die wachsende Solidarität von Sozialisten und Kommunisten, von Gewerkschaftern, von Arbeitern und Intellektuellen in Ost und West es inzwischen gar nicht mehr als so aussichtslos erscheinen läßt, daß die Führer der DDR ihre panische Maßnahme zurücknehmen werden. Es wäre für mich wie für mein Land besser, wenn dieses aufgezwungene Exil hier im Westen sich sehr bald als ein glücklich überstandener Alptraum erwiese. Mit meinen Schriftstellerkollegen in der DDR stimme ich darüber ein, daß eine rasche Korrektur zugunsten der Gesetzlichkeit wie der Gerechtigkeit nur in den Augen eingefleischter Antikommunisten ein Zeichen von Schwäche wäre. Von meinen engsten Freunden zu Hause, mit denen ich telefonierte, habe ich erfahren, daß inzwischen nicht nur viele bedeutende Kulturschaffende in der DDR das Politbüro der SED aufgefordert haben, diese Ausbürgerung zurückzunehmen.

Auch immer mehr Arbeiter und Studenten setzen sich in der DDR für mein Recht auf Rückkehr ein. Und ich bin froh darüber, daß sich die Linken hier im Westen trotz etlicher Meinungsverschiedenheiten so entschieden für mich einsetzen. Dafür nur ein Beispiel, daß mich besonders ermutigt: Gestern abend haben mich mehrere hundert DKP-Genossen in Marburg aufgefordert, folgendes mitzuteilen: sie erklären sich mit mir solidarisch und distanzieren sich von der Art und Weise, wie ihre Parteizeitung, die UZ, mich verleumdet.

Da ich ein Liedermacher bin, wäre es vielleicht angemessener gewesen, Ihnen hier eine Presseerklärung vorzusingen. Es ist mir aber leider nicht gelungen in dem Trubel der letzten schmerzhaften und lehrreichen Tage, für Sie ein neues und sehr deutsches Lied zu schreiben. Ich möchte Ihnen deshalb ein Gedicht von Brecht vorlesen, ein Gedicht, das ich liebe, ein Gedicht, in dem Brecht Haltungen eines Revolutionärs lobt, die für meine Genossen und für mich Ansporn sind.«

Wolf Biermann trägt das Gedicht »Lob des Revolutionärs« vor.
(Nach ADN vom 19. 11. 1976, interne Dienstmeldung)

Was war inzwischen in der DDR vor sich gegangen?

Der Wahrheit die Ehre gebend heißt, zuerst anzuerkennen, daß in breiten Kreisen der Bevölkerung Wolf Biermann bis zu seiner Ausbürgerung so gut wie nicht bekannt war. In der Mehrheit der SED-Grundorganisationen wurde nach den ADN-Veröffentlichungen gefragt, wer denn dieser Biermann sei und was er sonst noch getan habe.
(Bezirksparteiarchiv Berlin IV C-2/902/586)

Aber es gab auch andere, nicht unwesentliche Reaktionen. In Berlin und Leipzig wurden Flugblätter über Hausbriefkästen verteilt. Handzettel fanden sich in Telefonbüchern der öffentlichen Zellen:

»Aufruf an die Bürger Berlins und der Deutschen Demokratischen Republik!

Wie Euch bekannt ist, wurde am 17. 11. '76 der DDR-Liedermacher und Schriftsteller Wolf Biermann von unserer Staatsführung ausgebürgert. Wir, eine Berliner Aktivgruppe ›Für die Rückkehr Wolf Biermanns‹ halten diese Ausbürgerung gegen den Willen Biermann's für eine unüberlegte Fehlentscheidung der DDR-Staatsführung. Biermann hat unsere Unterstützung. Seine harte und spitze Kritik gegenüber der DDR ist gerechtfertigt und notwendig.

Nicht nur wir lehnen seine Ausbürgerung ab!

Bedeutende sozialistische Kulturschaffende wie Schauspieler, Schriftsteller und Musiker haben sich bereits öffentlich mit ihm solidarisiert. Einer der bekanntesten, Havemann, steht inzwischen unter Hausarrest, weniger bekannte wie J. Fuchs wurden verhaftet. Doch all diese Persönlichkeiten wurden von unseren Presseorganen nie erwähnt. Im Gegenteil wurde wieder einmal das Einverständnis der Bevölkerung mit den Maßnahmen des Staates demonstriert.

Das ist eine bösartige Lüge und Verdrehung der Realitäten!

Wir rufen Euch hiermit zum aktiven Handeln auf!
Es gibt viele Möglichkeiten:

– bringt dieses Flugblatt in Umlauf
– diskutiert die gesamte Problematik offen in Eueren Betrieben
– bildet Aktivkollektive
– sammelt Unterschriften
– macht Eingaben
– protestiert gegen die bewußte Verdrehung oder Verdrängung von Realitäten durch unsere Presseorgane
– habt keine Angst, Eure Meinung offen zu äußern, denn Ihr seid nicht die einzigen.

In unserem Staat wird, wenn es ums Ausland geht, sehr viel von Solidarität gesprochen. Nutzt sie dieses Mal für eine Sache, die uns direkt im eigenen Land betrifft.

Nur dadurch, daß wir zum Thema Wolf Biermann nicht schweigen, können wir erreichen, daß er zu uns zurückkommt.

Berlin, im November '76
Eine Berliner Aktivgruppe
›Für die Rückkehr Wolf Biermanns‹«

(aus: SED-Bl Berlin, BPA, IV C-2/902/585)

Handzettel in Leipzig:
»Laßt den Genossen Biermann wieder rein und Fuchs wieder raus. Sie sind Opfer der Diktatur, der Bürokratie. Morgen bist Du dran. Kämpfe gegen Bürokratie, Intoleranz, Inhumanität, für wahren Sozialismus.«
(aus SED-Bl Leipzig, BPA IV C-2/5/419)

Der wirkungsvollste Protest kam jedoch von den Künstlern, Schriftstellern. Unmittelbar nach Bekanntwerden der Ausbürgerung verfaßten 13 Schriftsteller und Künstler eine Erklärung:

»Wir begrüßen die Möglichkeit des offenen Meinungsstreits innerhalb unserer Presseorgane. Den Beschluß über die Ausbürgerung Biermanns haben wir mit tiefer Bestürzung zur Kenntnis genommen. Wir möchten die Regierung der DDR auffordern, diesen Beschluß ernstlich zu überdenken. Unbegreiflich erscheint es uns, wie man einen kritischen Sozialisten, der 12 Jahre lang keine Möglichkeit erhalten hat, seine Meinung zu artikulieren, jetzt des Klassenverrats bezichtigen kann. Biermann ist auf Einladung der westdeutschen Arbeiterklasse nach Köln gereist. Er hat dort auf einer Veranstaltung der IG Metall gesungen. Ist die Arbeiterklasse der Klassenfeind? Wer verrät eigentlich die Sache des Sozialismus, diejenigen, die kritischen Argumenten und Meinungen zu brennenden gesellschaftlichen Problemen die verschlungensten Wege auferlegen, um ans Licht zu kommen, oder diejenigen, denen nichts anderes übrigbleibt, als diese dann zu gehen?

Wir glauben auch wie Hermann Kant, daß der Sozialismus eine kritische Kunst nötig hat und schlagen deshalb vor, auf einer Veranstaltung im Palast der Republik uns miteinander und miteinander mit Wolf Biermann (natürlich in eigener Person) auseinanderzusetzen.

Wolf Biermann war und ist ein unbequemer Dichter – das hat er mit vielen Dichtern der Vergangenheit gemein. Unser sozialistischer Staat, eingedenk des Wortes Marxens ›18. Brumaire‹, demzufolge die proletarische Revolution sich unablässig selbst kritisiert, müßte im Gegensatz zu anachronistischen Gesellschaftsformen eine solche Unbequemlichkeit gelassenen Nachdenkens ertragen können.

Wir identifizieren uns nicht mit jedem Wort und jeder Handlung Wolf Biermanns und distanzieren uns von den Versuchen, die Vorgänge um Biermann gegen die DDR zu mißbrauchen.

Biermann selbst hat nie, auch nicht in Köln, Zweifel darüber gelassen, für welchen der beiden deutschen Staaten er bei aller Kritik eintritt. Wir protestieren gegen seine Ausbürgerung und bitten darum, die beschlossenen Maßnahmen zu überdenken.«

(aus SED-Bl Berlin, BPA, IV C-2/902/585)

Erstunterzeichner dieser Erklärung waren Franz Fühmann, Stefan Heym, Heiner Müller, Rolf Schneider und Erich Arend. Dazu gehörten **acht** SED-Mitglieder: Sarah Kirsch, Christa Wolf, Volker Braun, Stephan Hermlin, Günter Kunert, Gerhard Wolf, Jurek Bekker und Fritz Cremer.

Stephan Hermlin gab am 17. November 1976 um 14.30 Uhr im Gebäude des »Neuen Deutschland« die Protesterklärung ab. Außerdem übermittelte er sie persönlich »unter Maßgabe einer Sperrfrist bis 17.00 Uhr« an die französische Nachrichtenagentur Agence France Press (AFP).

Bei ADN lief diese Erklärung gegen 18 Uhr über die westdeutsche Nachrichtenagentur DPA ein. In den Nachrichten um 19.00 Uhr wurde sie über alle bundesdeutschen Rundfunk- und Fernsehsender als Spitzenmeldung verbreitet. Bezeichnenderweise erhielt erst danach das zuständige Politbüromitglied Kurt Hager vom damaligen Chefredakteur des »Neuen Deutschlands«, Joachim Herrmann, den Text der Erklärung. Diese zweieinhalb Stunden zwischen der Übergabe an das Zentralorgan der SED, dessen Chefredakteur damals immerhin schon Kandidat des Politbüros der SED war, und der Freigabe für die Öffentlichkeit werden im Verlauf der weiteren Entwicklung bedeutend, spalten die Autoren der Erklärung praktisch in zwei Lager. Ob es sich um Trägheit, Schusseligkeit der Mitarbeiter des »ND« handelte, oder aber für den nunmehr festgelegten Handlungsablauf der Initiatoren der Ausbürgerung einen willkommenen Zufall darstellte, läßt sich heute nicht mehr klären. Denkbar ist, daß es, mit dem heutigen Wissen um den Charakter von Herrmann, zumindest ihm ins Konzept paßte.

Die Erklärung der 13 Künstler wurde in Berlin durch wiederum bekannte Künstler unter ihren Kollegen aus allen Bereichen sehr schnell verbreitet. Hauptsächlich wurde diese Aktion von Jurek Becker, Ulrich Plenzdorf, Klaus Schlesinger, Manfred Krug, Hilmar Thate, Angelica Domröse, Eva-Maria und Nina Hagen, Horst Hiemer und Antje Vogel getragen.

Im Verlauf des Abends des 17. November unterschrieben weitere 26 Persönlichkeiten. Am nächsten Tag gaben 23 Künstler ihre Unterschrift, am 19. November kamen noch 33 hinzu. Bis zum 21. November hatten sich 106 Künstler und Schriftsteller, hauptsächlich aus Berlin, dieser Protesterklärung angeschlossen. Das bedeutete, daß 28 Schriftsteller (davon 9 Mitglieder der SED), 21 Schauspieler

und Theaterschaffende (davon 4 Mitglieder der SED), 11 Film- und Fernsehschaffende (davon zwei Mitglieder der SED), 10 Bildende Künstler (davon ein Mitglied der SED), 14 Unterhaltungskünstler, zwei Mitarbeiter des Verlages Volk und Wissen und ein Komponist mindestens ihre Bedenken öffentlich machten.
(SED-Bl Berlin, BPA, IV C-2/902/586)

Aber auch in Bezirksleitungen der SED, im ZK selbst, in staatlichen Einrichtungen gaben Künstler ihre eigenen Protesterklärungen ab, so zum Beispiel die Mitglieder der SED Heinz Kahlau, Helfried Schreiter und Herbert Ziergiebel. Von Ingolf Gorges und Siegfried Krepp ist gleiches bekannt.
(SED-Bl Berlin, BPA, IV C-2/902/586)

An den Generalsekretär des ZK der SED gingen gleichfalls Schreiben ein, so z. B.:

24. 11. 1976

Lieber Genosse Honecker,
wir Unterzeichner meinen, mit der Ausbürgerung Biermann's wurde unserer und der Sache unserer Verbündeten kein guter Dienst erwiesen; die erneute Zuerkennung der Staatsbürgerschaft sollte zu gegebener Zeit überprüft werden. Es geht uns nicht vornehmlich um die Person des Liedermachers, dessen Haltung wir in vielem nicht teilen.

Vielmehr sind wir der Auffassung, daß unserer erstarkten Gesellschaft ein Schwächeeingeständnis, wie es die Expatriierung unseres Erachtens darstellt, nicht zu Gesicht steht – es verletzt unser Selbstbewußtsein als Sozialisten. Auch denken wir, daß ein zunehmend öffentliches Austragen aller unserer Probleme innerhalb unserer Republik dem weiteren Vorankommen dienlich wäre. Das bisherige Informieren und Reagieren – beispielsweise unserer Medien – in den letzten Tagen scheint uns nicht in diese wünschenswerte Richtung zu weisen.

Unterzeichner:

Gerti Tetzner	Peter Gosse	Manfred Jendryschik
Schriftsteller-verband (Leipzig)	Institut für Literatur (Leipzig)	Gunter Preuß
		Mitteldeutscher Verlag Halle/Saale

(SED Bl Leipzig, BPA, IV C-2/5/419)

Nicht nur mit der Ausbürgerung von Biermann hatte die SED-Führung eine neue innenpolitische Situation geschaffen, sie war auch mit einer völlig unerwarteten, bis dahin noch nie so dagewesenen Gegenreaktion konfrontiert worden. Mit diesem Solidarisierungseffekt unter den Künstlern und dem Tempo der Verbreitung hatte sie nicht gerechnet. Eine wichtige Seite ihrer Politik drohte wegzubrechen und konnte nicht voraussehbare Folgen haben.

Das spürten inzwischen auch die Medien der BRD.

Insbesondere das Ostberliner ARD-Büro schaltete sich in die Verbreitung der Protesterklärung ein. Die Mannschaft um Lothar Löwe hatte erkannt, daß sich aus der Sache mehr machen ließ, wenn Künstler, die weltweit bekannt waren, sich dem Protest anschließen würden. Damit wäre die DDR international in größerem Maße, vor allem unter den Intellektuellen, diskreditiert gewesen. So wurden Fritz Cremer, Ernst Busch und Anna Seghers regelrecht »überfahren«, nur damit sie ihre Zustimmung zu dieser Erklärung abgaben.

Für die SED-Führung brannte aber nunmehr zumindest ein Teil des Hausdaches lichterloh. Gegenerklärungen wurden eingeholt und in großer Aufmachung ab dem 20. November im »Neuen Deutschland« und den anderen Tageszeitungen, auch denen der »befreundeten« Parteien, veröffentlicht. Gleichzeitig wurde begonnen, Künstler und Schriftsteller zu bewegen, ihre Unterschrift unter die Protesterklärung zurückzuziehen. Dabei wurde geschickt der Umstand ausgenutzt, daß für die eigentliche Verbreitung des Protestes die Westmedien gesorgt hatten. Das aber mißfiel vielen, die sich dem Protest angeschlossen hatten. Sie wollten in aller Ernsthaftigkeit und Ehrlichkeit ihre Probleme, die sie mit der Partei und dem Staat hatten, mit ihm selbst ausmachen, ohne die Schiene der Öffentlichkeit. Alles andere, so meinten sie, nutze nur dem politischen Gegner, helfe auch ihren Verbündeten im Westen nicht. Aber diese Verständigung lief vor allem unter den Kollegen selbst.

Ein weiterer Umstand kam hinzu, der Eile gebot: Unter den Bezirks- und Kreisleitungen der SED wurden die Namen der Unterzeichner ausgetauscht. Das funktionierte z. T. auch ohne Anweisung nach dem Prinzip des vorauseilenden Gehorsams. Die Konsequenz war in den ersten Tagen das Absagen von Veranstaltungen, Konzerten, Lesungen.

Besonders über die FDJ-Leitungen wurde organisiert, daß z. B. bei Konzerten von Manfred Krug mit Günter Fischer ausgesuchte Besucher anwesend waren, die den Auftrag hatten, Manfred Krug für seine künstlerischen Leistungen keinen Beifall zu spenden, Günter Fischer, der inzwischen seine Unterschrift zurückgezogen hatte, dafür aber mit Beifall zu überhäufen. Nach Veranstaltungsende fanden auf der Heimfahrt der Künstler »rein zufällig« aufwendige, schikanöse Verkehrskontrollen durch die Volkspolizei statt.

Derartiges Vorgehen belastete natürlich weiter die Suche nach einem Konsens. Aber die Maschine lief. Durch die Kulturabteilung des ZK wurde über die Bezirksleitungen inzwischen versucht, solchen Schikanen Einhalt zu gebieten und weiteren Schaden zu begrenzen. Künstlerische Arbeit sollte in der angespannten Lage so wenig wie möglich belastet werden.

In den Leitungen der Partei wurde fieberhaft in zwei Richtungen gearbeitet:

Die Stellungnahmen für die Ausbürgerung bereiteten nämlich Kopfzerbrechen. Beiden, denjenigen, die sie organisieren mußten und jenen, die sie abgeben sollten. Es ist also kein Wunder, wenn bei näherem Hinsehen die Standpunkte sehr unterschiedlich ausfielen. Zwischen Positionen auf der Linie der Politbürokratie gegenüber Wolf Biermann, Protesten nicht gegen die Ausbürgerung Biermanns, aber gegen den Vorgang der Ausbürgerung an sich, Einwänden und Unbehagen gegen die Verbreitung der Erklärung über die Westmedien, Cleverness und auch »Bauernschläue« gegenüber dem Vorgang vor dem Hintergrund, die eigene Arbeit nicht zu beschädigen und bis hin zum Unverstand gegenüber der gesamten Kampagne, war alles vertreten. An drei Tagen veröffentlichten das »Neue Deutschland« und die Zeitungen der Blockparteien Stellungnahmen, vor allem von Künstlern und Kulturschaffenden, für die Ausbürgerung Biermanns. Heute kann der Außenstehende nicht darüber befinden, wer unter Druck und wer freiwillig seine Meinung äußerte. Es gibt darüber auch inzwischen zu viele Legenden.

Nicht unerwähnt bleiben soll allerdings auch, daß sich eine Reihe Prominenter, deren Wort wichtig gewesen wäre, völlig heraushielten. Erwin Strittmatter zum Beispiel schreibt in seinen 1990 veröffentlichten »Tagebuchnotizen« am 25. November 1976 davon, daß »in diesen Tagen, in denen sich das politische Chaos andeutet, (und) Leute mit engem Verstande umhergehen und einen mit hineinziehen möchten.«
(Berlin, 1990)

Dennoch, die Auseinandersetzungen waren noch nicht abgeschlossen. Den Hauptschwerpunkt stellte die SED-Grundorganisation des Berliner Schriftstellerverbandes dar. Am 23. November begann eine Mitgliederversammlung, an der 130 der 174 Genossinnen und Genossen teilnahmen. Als Gäste fanden sich die Mitglieder des ZK der SED, Dr. Roland Bauer, Sekretär für Kulturpolitik der SED-Bezirksleitung Berlin, Dr. Hans-Joachim Hoffmann, Minister für Kultur, sowie Helmut Müller, 2. Sekretär der SED-Bezirksleitung, ein. Die Versammlung mußte logischerweise am 26. November fortgesetzt werden. Daran beteiligten sich nur 120 Mitglieder und als Gäste waren nunmehr Konrad Naumann, Mitglied des Politbüros und 1. Sekretär der SED-Bezirksleitung Berlin, sowie Alexander Abusch, ebenfalls Mitglied des ZK der SED, erschienen.

In diesen beiden Versammlungen wurde sich nichts geschenkt, wobei auch hier die Ablehnung der Protestresolution wegen ihres Weges über die Westmedien dominierte. Immer wieder wurde deutlich oder verklausuliert gefordert, daß im Sozialismus, in einer sozialistischen Demokratie, das öffentliche Austragen aller Konflikte und Probleme möglich sein müsse, daß das eine der Stärken des Sozialismus sein könne. Günter Kunert, Jurek Becker und Christa Wolf beharrten auf der Frage, warum diese Erklärung nicht zuerst in der DDR und warum sie letztlich überhaupt nicht veröffentlicht worden sei, fragten aber auch, wie sich die DDR gegenüber Andersdenkenden zu verhalten gedenke.

Diesen über elfstündigen Auseinandersetzungen schloß sich am

7. Dezember eine weitere Mitgliederversammlung an, die sich mit den Konsequenzen der Protestaktion beschäftigte. Sie endeten mit Parteiverfahren: für Jurek Becker mit der Streichung, für Volker Braun mit einer Rüge, für Rainer Gilsenbach mit einer Verwarnung, für Stephan Hermlin mit einer strengen Rüge, für Sarah Kirsch mit der Streichung und für Gerhard Wolf mit dem Ausschluß. Einen Monat später wurde Karl-Heinz Jakobs aus der SED ausgeschlossen, Günter Kunert wurde als Parteimitglied gestrichen und Christa Wolf erhielt eine strenge Rüge.

Damit schien pro forma ein Schlußstrich gezogen, aber der Streit um das Grundproblem, von künstlerischer Freiheit und Demokratie im Sozialismus, oder besser, des Sozialismus, war nur vertagt. Er sollte und mußte wenige Monate später erneut aufbrechen.

Stefan Heym brachte diese Sicht in einer Rede zur Erwiderung eines Diskussionsbeitrages von Konrad Naumann Ende März 1977 auf einer Tagung des Berliner Schriftstellerverbandes auf den Punkt:

»Liebe Kollegen, Freunde –

ich hatte eigentlich nicht die Absicht, heute hier zu sprechen, weil ich mir ganz ähnlich wie der Kollege Kant gedacht habe: Nun ist ein bißchen Ruhe eingetreten, die Menschen haben Gelegenheit gehabt, die verschiedenen Fragen, die in den letzten Monaten aufgetaucht sind, sich durch den Kopf gehen zu lassen, und es ist vielleicht sogar ganz gut, daß der Kollege Görlich ein Referat gehalten hat, das fast allen wirklich tiefgehenden Fragen ausgewichen ist.

Aber dann sind doch von einigen Rednern Bemerkungen gemacht worden, die mich veranlassen, hier – und ich verspreche Ihnen, kurz – zu sprechen.

Eine dieser Bemerkungen stammt leider vom Genossen Naumann. Und sie war eigentlich positiv gemeint und erfordert eigentlich Respekt; aber was dahintersteckt, ist ein Denkfehler. Er sagte: ›Wir, die Partei‹ – und er spricht da sicher nicht für sich allein – ›werden immer unterscheiden zwischen Feinden und jenen, die sich in gewissen Fragen nicht zurecht finden.‹

Wir wissen, worauf er Bezug genommen hat, und da muß

ich ihn korrigieren. Die Kollegen, die damals in der sehr prekären Situation ihre von einer Entscheidung der Behörden abweichende Meinung zum Ausdruck brachten, sind weder Feinde noch Dummköpfe.

Sie haben vielmehr in ihrem Leben, zum Teil in einem sehr langen Leben, und in ihren Werken, zum Teil sehr bekannten Werken, die Ihnen alle zur Verfügung stehen, wenn sie gerademal im Buchladen vorhanden sind, bewiesen, wo sie in den Fragen Sozialismus, Kampf um die Zukunft, und all diesen Dingen stehen. Und man tut ihnen unrecht, Genosse Naumann, wenn man sie so kategorisiert, wie Sie das getan haben. Ich wünsche nur, daß es Ihnen und den anderen führenden Genossen nicht eines Tages leid tun möge, sich so geäußert zu haben – wie es den Genossen, die sich auf dem 11. Plenum seinerzeit so unschön und voreilig geäußert haben, hinterher auch leid getan hat.

Natürlich muß es Meinungsverschiedenheiten geben, und ich freue mich, daß unsere Resolution wenigstens drei Zeilen Hinweis auf diese Meinungsverschiedenheit enthält. Es steht da: ›Wir werden alle Versuche des Gegners vereiteln, unterschiedliche Meinungen zur politischen Konfrontation auszunutzen‹ – das Deutsch ist etwas undeutlich, aber wir wissen, was die Autoren der Resolution im Grunde meinen. Auch hier dürfen unsere Meinungsverschiedenheiten nicht ausarten zu einem politischen Faustkampf, bei dem der organisatorisch Schwächere an die Wand geklatscht und ökonomisch bestraft wird.

Aber diese unterschiedlichen Meinungen, die es ja geben muß, die muß man ausdrücken können. Und da erhebt sich sofort die Frage: angesichts des Gegners? Sie haben natürlich recht: Wir leben in der Mitte Europas, wir leben im Zeitalter der Elektronik, und alles, was bei uns an Diskussion stattfindet, wird natürlich bekannt und wird kommentiert, und es gibt natürlich überall weise Leute, die sagen, ja, das sind Dissidenten, die sind gegen den Sozialismus oder gegen den realen Sozialismus. Aber sollen wir deshalb keine Meinungsverschiedenheiten äußern dürfen?

Und daraus ergibt sich die zweite Frage: Wo und wie soll

man sie äußern und kann man sie überhaupt äußern? Das ist leider eine große Schwierigkeit bei uns. Sie kennen Mark Twain sicher. Mark Twain hat einmal gesagt: Alle reden vom Wetter, aber keiner tut etwas dagegen. Und so war es auch mit dem Fernsehen bei uns. Alle haben sie bei uns über das Fernsehen und besonders über die Aktuelle Kamera geredet, und wie schön die sind, aber keiner hat etwas dagegen getan. Und ich habe mich hingesetzt und habe vier Wochen lang nur die Aktuelle Kamera mir angesehen, und habe dann darüber eine ganz lustige Analyse geschrieben. (Zwischenruf: Wo?)

Das werde ich Ihnen gleich sagen. Wo? Im ›New Statesman‹ und im ›Stern‹. (Zwischenrufe: Oho!)

Wo sollte ich sie veröffentlichen? Bei uns ging es nicht. (Beifall.)

Und was ist geschehen? Die Aktuelle Kamera hat sich, Gott sei's gedankt, die Sache zu Herzen genommen und hat sich verbessert. (Gelächter.)

Die Sprecher sind freundlich geworden, die ewigen Aufzählungen von Ehrentiteln der verschiedenen hohen Persönlichkeiten wurden beschnitten, und viele andere Dinge in dieser Sendung sind auch besser geworden. Und das freut mich. Aber es wäre mir lieber gewesen – und ich möchte das überhaupt sagen: Kritik muß man auch bei uns öffentlich äußern können! (Lang anhaltender Beifall.)

Und nun zu einer Äußerung meines Freundes Görlich. Der sprach auch von Kritik in seinem Referat und forderte: konstruktive Kritik, keine negative. Ich weiß nicht, ob Görlich sich mal über die Definition von Kritik Gedanken gemacht hat. Kritik ist immer negativ. (Zwischenruf: Nein!)

Kritik muß nein sagen, sie muß sagen: Dieser Zustand ist nicht gut, ist nicht richtig! – und sie wirkt gerade durch ihre Negation konstruktiv. Sie schafft Veränderungen und, wie wir hoffen und wie es in dem von mir berichteten Fall geschehen ist, Veränderungen zum Guten.

Und was für Meinungsverschiedenheiten sind denn das eigentlich, um die es geht? Sind das böswillige Sachen, die sich bei uns irgendwelche Gruppen oder Grüppchen ausdenken? Das Wort Dissidenten ist hier gefallen, und ich möchte Genossen Naumann sagen: Es gibt hier – wenigstens kenne ich sie nicht – keine Dissidenten. Es gibt hier nur ehrliche Sozialisten, die in der oder jener Frage gelegentlich eine andere Meinung haben, und ich möchte das Recht haben und für das Recht plädieren, daß wir diese andere Meinung auch äußern können.

Denn das sind ja die Meinungsverschiedenheiten, die es überhaupt im sozialistischen Lager gibt. Es sind nicht Meinungsverschiedenheiten, die irgend jemand künstlich geschaffen und aus der Hosentasche gezogen hat, um nun zu sagen: Hier, seht, wie gescheit wir sind. Sondern es sind die Meinungsverschiedenheiten, die sich aus dem Leben und dem Sozialismus und aus unserer Entwicklung ergeben haben. Es sind wichtige Fragen, die wir diskutieren müssen und die wir nicht lösen, Genosse Naumann, durch administrative Maßnahmen, nicht dadurch, daß wir Schriftsteller, deren Begabung und deren Haltung bekannt sind, aus dem Vorstand mit einer knappen Zwei-Drittel-Mehrheit ausschließen, nicht dadurch, daß wir irgendwelche Mitglieder aus dem Schriftstellerverband ausschließen oder sie maßregeln, nicht dadurch, daß wir ihnen ihre Veröffentlichungsmöglichkeiten beschneiden, nicht dadurch, Genosse Naumann, daß man sie aus der Partei ausschließt.

(Zwischenruf Naumann: Die Partei befindet über sich selbst. Sie haben kein Recht, darüber zu sprechen, Sie haben kein Recht, über unser Statut zu sprechen, das ist das Parteistatut der SED!)

Genosse Naumann, ich sage Ihnen, ich habe auch ein Recht, über die Partei zu sprechen, die Partei gehört zur Deutschen Demokratischen Republik und ich bin ein Bürger dieser Republik! Und diese Partei regiert uns, und da werden wir wohl noch zu dieser Partei sprechen können – im Vertrauen zur Partei, Genosse Naumann, spreche ich zu Ihnen, und ich sage Ihnen: Sie werden die anstehenden Fragen nicht durch Ausschlüsse lösen können. Dadurch werden die Fragen nur auf eine falsche Ebene geschoben. Bitte, glauben Sie mir, ich sage es Ihnen nach bestem Wissen und Gewissen, mit dem besten Gewissen, das man überhaupt haben kann.

Es gibt auf die Fragen, die sich in unserer Zeit ergeben haben, keine leichten Antworten. Aber Antworten muß man irgendwie finden. Und ich plädiere dafür – und ich bitte Sie, glauben Sie mir, daß ich jetzt von langer Jahre Erfahrung und vom Herzen spreche –, daß wir diese Fragen gemeinsam besprechen und die Antworten auf diese Fragen gemeinsam finden, daß wir nicht diese Atmosphäre schaffen, wo einer dem anderen Böses will, sondern daß wir – (Zwischenrufe unverständlich.) darf ich ausreden, ich bin gleich zu Ende – sondern daß wir gemeinsam in die Zukunft gehen, aber – wie Hermann Kant vorhin gesagt hat – offen und ehrlich unsere Meinungsverschiedenheiten aussprechend und diskutierend, im Sinne des Sozialismus. (Lang anhaltender Beifall.)

(Auszug aus dem Protokoll des Schriftstellerverbandes)

Leider ein Appell, der zwar von der überwiegenden Mehrheit seiner Kollegen gehört und auch später immer wieder eingefordert wurde, aber wie Naumanns Bemerkungen schon zeigten, die Ohren und den Verstand der Oberen auf tragische Weise nie erreichte.

Die zweite Richtung der Arbeit in den Grundorganisationen war bestimmt durch die Tatsache, daß durch den Medienrummel um Wolf Biermann viele Menschen von ihm und seinem Anliegen hörten, die bislang nichts damit zu tun oder es nicht gewagt hatten, in dieser Weise laut zu denken und zu sprechen. Es kam Unruhe auf. In den Grundorganisationen wurden unbequeme Fragen gestellt, vor allem nach der Medien- und Informationspolitik der Partei. Die Partei geriet auch hier in Zugzwang. Sie gab unter dem Titel »Der Fall Biermann« in der Reihe »Informationen«, Nr. 146, 1976/7 ein umfängliches Argumentationsmaterial heraus, welches in vier Punkten zu begründen versuchte, warum Wolf Biermanns Ausbürgerung rechtens sei. Denn inzwischen war auch bekannt geworden, aus welchem Grund eine Reihe von Künstlern, die unter dem Joch der Nazidiktatur gelitten hatten, so vehement gegen die Maßnahme der Regierung auftraten. Der Umstand, daß Wolf Biermanns Vater selbst in Auschwitz von den Faschisten ermordet worden war, er 1953 in die DDR überwechselte, weil er in dem besseren deutschen Staat leben wollte, machte die Beschwörung der Partei durch die Politbürokratie nicht einfacher.

Wenige Tage nach dem Rausschmiß verschwand das Thema auch aus den Medien der DDR, so, als hätte es das nie gegeben. Es kam nämlich eine viel tiefer sitzende Gefahr hinzu: Wenn nämlich die DDR zur Praxis übergehen sollte, unliebsame Bürger ihres Staates hinauszuwerfen, dann wäre es doch besser, gleich selbst zu gehen. Anders gesagt: Es war in der Politik der DDR ein Moment der Unberechenbarkeit und des Verlustes an Geborgenheit im Sinne von Heimat aufgetaucht. Das rührte vor allem daher, weil nicht wenige der Protestierenden, überzeugt von der Lauterkeit und Moral ihrer Bedenken, der Auffassung waren, daß die Ausbürgerung über kurz oder lang irgendwie korrigiert werden würde. Da nichts dergleichen geschah, sich keine Anzeichen für einen solchen Schritt fanden, zogen eine Reihe von prominenten Künstlern ihre Konsequenzen und stellten in verschiedenen Formen den Antrag, sich für längere Zeit außerhalb der DDR aufzuhalten oder sie gänzlich zu verlassen. Diesem Begehren wurde auch nachgekommen. Die Angelegenheit beruhigte sich nach einigen Wochen auf ihre Weise. Ein Flächenbrand war im Entstehen, die Zahl der Antragsteller auf Ausreise aus der DDR wuchs und wuchs ...

In der Bundesrepublik Deutschland wurde in höchst unterschiedlicher Weise, extremer konnte es nicht sein, auf die Ausbürgerung von Wolf Biermann reagiert.

Einerseits paßte der regelrechte Medienkrieg gegen die DDR, d. h. präziser gegen ihre Führung, allen Parteien, mit Ausnahme der DKP, ins Konzept. Aber nicht wenige Politiker sahen darin auch eine Gefahr. Wolf Biermann war ja nicht nur unsanft mit dem Sozialismus in der DDR ins Gericht gegangen, er hatte ja auch die Vision des Sozialismus und eine starke KP, wie die in Italien, an den politischen Horizont dieser deutschen Republik gemalt. Und da der Antikommunismus in seiner Engstirnigkeit bekanntermaßen in bester Blüte stand, kam Angst auf, solcherlei Überlegungen könnten um sich greifen und die Linken in der BRD stärken, vielleicht sogar auf ein greifbares Ziel führen. Das ist zwar an den damaligen Realitäten meilenweit vorbeigedacht, aber immer nach dem Motto: Wehret den Anfängen ...

Willi Weisskirch, Mitglied der CDU/CSU-Fraktion des Bundestages und deren ehemaliger Sprecher, gab folgende Presseerklärung am 19. November ab:

»Seit Tagen tun sich die Fernsehzuschauer in unserem Lande schwer, Abendprogramme zu entdecken, in denen nicht der schnauzbärtige Barde Biermann seine linken Lieder offeriert. Drei Stunden im dritten WDR-Programm, breite Berichte in den aktuellen Sendungen, Ausschnitte aus seinen Auftritten gestern in ›Titel, Thesen, Temperamente‹, und – Höhepunkt des Ganzen – die Vier-Stunden-Aufzeichnung seines Kölner Gastspiels heute abend im ersten Programm der ARD.

Die Begründung, die für dieses maßlose Spektakel gegeben wird, ist so töricht wie hintersinnig: man werde den Machthabern in Ostberlin ihre ganze Schäbigkeit nachweisen, wenn die sich bei der Ausbürgerungsentscheidung auf eben dieses Kölner Gastspiel Biermanns beriefen. Das heißt doch mit anderen Worten: die ARD-Sendung von heute abend wird beweisen, was die vielen Stunden aneinandergereihter Biermann-Darbietungen auf unseren Fernsehkanälen schon bewiesen haben: daß der Liedermacher aus Ostberlin sich uns Deutschen in der Bundesrepublik zwar als kritischen, nichtsdestoweniger aber hartgesottenen und linientreuen Kommunisten präsentiert. Und hier beginnt das Fernsehspiel fatal, ja gefährlich zu werden. Der Biermann, in dem man das besonders gute und in seiner unorthodoxen Manier wohl auch besonders wirkungsvolle Exemplar eines kommunistischen Agitprops vor sich hat, darf ungeniert seine Sprüche klopfen – Sprüche, die uns im Westen (von seinen Zuschauern emphatisch beklatscht) die Notwendigkeit einer schlagkräftigen KP suggerieren, von der hervorragenden Verfassung der kommunistischen Parteien in Italien und Frankreich überzeugen und natürlich auch Sympathien für den ›ersten sozialistischen Staat‹ auf deutschem Boden abgewinnen sollen.

Wenn heute in der Parteizentrale der CDU die Anrufe entrüsteter Bürger gegen die Biermann-Woge im deutschen

Fernsehen nicht abebben, dann zeigt sich darin, daß die Leute im Lande offenbar mehr politischen Sensus und mehr politisches Fingerspitzengefühl haben als so manche Programmacher in den TV-Anstalten. Niemand wird Biermann daran hindern, mit seinen Politsongs kreuz und quer durch die Bundesrepublik zu tingeln. ›Fernsehfestivale‹ sollten jedoch nicht das Mittel sein, sich über die Borniertheit und Intoleranz eines Systems zu verwundern und zu entrüsten, daß der Barde Biermann eigentlich selbst am besten kennen müßte.«

Heinrich Windelen, damals stellvertretender Vorsitzender der CDU/CSU-Fraktion, gab ebenfalls zum gleichen Thema eine Presseerklärung ab, in der es u. a. hieß:

»... Wann hätte die ARD jemals ähnlichen Aufwand für einen vor dem Kommunismus geflüchteten, von ihm abgeschobenen oder freigekauften Demokraten getrieben! Biermann ist in unserer Gesellschaft sicher ein extremer Außenseiter. Wenn die Behandlung seines Falles Schule macht, wird demnächst vermutlich ein abgeschobener Faschist im ARD-Programm zu hören sein, denn mit welchem Recht (Kurt Schumacher – SPD – : Kommunisten sind rotlackierte Nazis) will die ARD ihm verweigern, was sie dem Kommunisten Biermann zugestand? Der verwirrte Gebührenzahler fragt sich, was ihm denn auf seine Kosten noch alles zugemutet werden soll.

Die ARD hat eine Fehlentscheidung getroffen, die unverzüglich korrigiert werden sollte.«

Und Gerold Tandler, damals Generalsekretär der CSU, setzte in einem Schreiben an den Intendanten des Bayrischen Rundfunks, Reinhold Voeth, über DPA am 19. 11. verbreitet, noch einen drauf, in dem er gegen das ARD-Vorhaben der vollständigen Ausstrahlung des Konzertes »scharf« protestierte. Am Ende einer arbeitsreichen Woche, so forderte er, dürfe die TV-Kundschaft etwas anderes erwarten als »mehrere Stunden Berieselung mit kommunistischer Ideologie«.

Der SPD-Pressedienst meldete am 23. 11. über ein Kommunique der am Vortag stattgefundenen SPD-Vorstandssitzung:

»Zu der Diskussion um die Ausbürgerung von Wolf Biermann erklärte der SPD-Vorsitzende Willy Brandt unter Zustimmung des Parteivorstandes: Die Freiheit des Andersdenkenden ist für die SPD das wichtigste Moment im Zusammenhang mit Wolf Biermann. Wir hoffen, daß seine Bemühungen um Rückkehr in die DDR Erfolg haben, zu der er – wie er überzeugend sagt – in kritischer Solidarität steht. Wir sind uns der Absurdität bewußt, daß die SED-Führung den einen nicht zurücklassen will, während sie vielen anderen die Ausreise verweigert.

Es sollte die CDU nachdenklich machen, daß sie sich mit ihrer Kritik vom ›maßlosen Spektakel‹ gegen die Wiederholung der Fernsehsendung an der Seite der SED findet. Mit Entschiedenheit ist eben auch das Recht unserer Fernsehanstalten zu unterstreichen, interessante Sendungen zu wiederholen, auch wenn sie wohl zum ersten Mal in der Geschichte der deutschen Bundesrepublik in dieser Länge kommunistische Auffassungen verbreiten.

Wir treten ein für das Recht Wolf Biermanns, unbequem zu sein, in der Bundesrepublik Deutschland nicht weniger als in der DDR. Im übrigen erleben wir nicht zum ersten Mal Äußerungen der Sympathie von rechts für einen Kommunisten aus der DDR, der offen mit Standpunkten sympathisiert, die die gleichen Rechten heftig angreifen, wenn sie etwa von Kommunisten aus Italien vertreten werden. Es ist leicht in der Bundesrepublik, gegen Entscheidungen der DDR zu protestieren; wir wissen, mit welchem hohen persönlichen Einsatz die Freunde Wolf Biermanns in Ostberlin dafür eintreten, daß Biermann nach dem Recht der DDR behandelt wird und in diesen Staat zurückkehren kann.«

Makaber wird es bei »Bild«. Nachdem der erste Schlag gegen die Entscheidung der DDR geführt wurde, wendet sich das Blatt derart, daß selbst die »Welt« am 22. 11. 76 wiederum »Bild« zitiert:

»Zum Fall Biermann schrieb die Bild-Zeitung:

›Er wird wie ein Held gefeiert, bestaunt, beklatscht und herumgereicht: Wolf Biermann – ausgesperrt aus seinem Zonenparadies. Der arme Biermann ...

Der arme Biermann? 10000 Mark zahlte ihm der Westdeutsche Rundfunk für eine Fernsehsendung. 50000 Mark kassiert er für Schallplattenaufnahmen. Falls ihm das noch nicht reicht, steht ihm die Hansestadt Hamburg mit einem Stipendium von 2000 Mark monatlich bereit; und freier Wohnung – aus Steuergeldern selbstverständlich. Ein einfacher Flüchtling wie der DDR-Arzt Dr. Martin Kasten, der neulich 18 Stunden durch die eiskalte Ostsee schwamm, um von dort wegzukommen, wohin Biermann sehnsüchtig zurück will, bekommt bei uns 150 Mark Begrüßungsgeld und dann Alu (Arbeitslosenunterstützung – d. H.). Das Fernsehen nimmt ihn nicht wahr, die Öffentlichkeit hat ihn schon wieder vergessen.

Biermann müßte man heißen. Kommunist müßte man sein. Und auf die Demokratie in der Bundesrepublik spucken ... Armer Biermann? Armes Deutschland.«

Aber auch andere Stimmen waren zu hören: Das damalige Mitglied der SPD-Bundestagsfraktion, der Schriftsteller Dieter Lattmann, erklärte gegenüber dem SPD-Pressedienst am 19. 11. 76:

»Aber Biermann ist kein Solschenizyn. Er wird sich nicht auf naiv-moralische Weise einseitig ins Lager des Westens begeben. Nicht wenige Sprecher der Massenmedien werden ihm ihre Aufmerksamkeit entziehen oder ihn angreifen, sobald er mit dem Wohnsitz innerhalb der Bundesrepublik bei seiner beißenden Kritik am westlichen Kapitalismus bleibt, ja sie verschärft.

Die Wahrheit ist: Ein Biermann-Land ist nicht in Sicht. Immer häufiger erklären uns junge oder nicht mehr so junge Künstler und Autoren, daß sie weder mit der östlichen Diktatur des sich sozialistisch nur nennenden Systems eines zentralistischen Staatskapitalismus noch mit der westlichen Allmacht des Materialismus einverstanden sind. Die politischen

Mechanismen der Polarisierung bemühen sich, sie in das eine oder andere Lager zu zwingen. Mächtige rechtskonservative und reaktionäre Kräfte, die nicht unbedingt mit den Parteikonturen identisch sind, bewirken auch in der Bundesrepublik vielerlei Zwang gegenüber kritischen Intellektuellen.

Wolf Biermann hat am 13. November 1976 in der Kölner Sporthalle unter anderem gesungen: ›Die BRD braucht eine KP, wie ich sie wachsen und reifen seh unter italienischem Sonnenschein.‹ In der DDR bezeichnet ihn die offizielle Medienpolitik inzwischen als Rechten. Bei uns kann er vorläufig nur weit links von der SPD stehen – in einer Position also, die in voraussehbarer Zukunft alles andere als mehrheitsfähig ist. Einsam ist er dort aber nicht. Biermann ist zu einer Symbolfigur geworden für ein geistiges Grenzgängertum, das sich nirgendwo binden läßt. Es setzt sich seit je zwischen alle Stühle. Diejenigen, die den Boden der Tatsachen für sich beanspruchen, Realpolitiker z. B., sollten dererlei nicht als Narretei, auch nicht als bloßen Idealismus abtun. Das ist nicht einerlei, sondern zweierlei.«

Die Parlamentarische Presseagentur (PPA) zitierte am 19. November das Vorstandsmitglied des Allgemeinen Studentenausschusses der Universität Frankfurt am Main, Brigitte Heinrich, aus einer ASTA-Veranstaltung des Vorabends:

»Wer über Demokraten Berufsverbote verhängt, gegen friedliche Kernkraftgegner Polizei einsetzt, Arbeiter- und Studentenvertreter zu kriminalisieren versucht, der hat nicht das geringste Recht, an den Maßnahmen der DDR-Regierung Kritik zu üben.«

Die gleiche Agentur zitierte auch aus einer Erklärung von Franz-Josef Degenhardt:

»... daß ein Teil derjenigen, die Biermann einluden, ihn und seine Kunst in der BRD ›zur weiteren Verschärfung des Antikommunismus mißbrauchen wollten und wollen. Biermann hätte anders reagieren und dies merken müssen‹.«

PPA meldete auch, daß die nordrhein-westfälischen Jungdemokraten Biermann aufgefordert haben, sich in der BRD für den öffentlichen Dienst als Briefträger zu bewerben. Bei der zu erwartenden Ablehnung, so erklärten sie, würde die Unglaubwürdigkeit all jener deutlich, die »Krokodilstränen« über die Aberkennung der DDR-Staatsbürgerschaft für Biermann vergießen, jedoch in der BRD gegen Kritiker des Systems mit der »gezielten Vernichtung der materiellen Existenz« durch Berufsverbote vorgehen.

Auch aus Westeuropa kamen umfängliche Proteste, vor allem von den Linken. Die »Frankfurter Allgemeine Zeitung« veröffentlichte am 19. November einen Brief von Peter Weiss:

»Im Dezember 1965 hatte ich in einem Offenen Brief an die Zeitung ›Neues Deutschland‹, der jedoch dort nie – sondern erst im Band 2 meiner ›Rapporte‹ 1971 publiziert wurde, zum ersten Mal Stellung genommen zu der Behandlung, die Biermann in der DDR zuteil wurde. Fast elf Jahre später sehe ich mich genötigt, auf diesen Brief zurückzugreifen; er bezog sich auf die Gespräche, die ich mit Wilhelm Girnus, dem Herausgeber von ›Sinn und Form‹, und einigen höheren Kulturfunktionären der Deutschen Demokratischen Republik geführt hatte.

In der Ausgabe des » ›Neuen Deutschland‹ vom 17. November 1976 wird motiviert, warum Wolf Biermann die Staatsbürgerschaft aberkannt wurde und ihm ›in Zukunft die Tore der DDR verschlossen‹ sein würden. Einige seiner Äußerungen während seines vierstündigen Auftritts in der Kölner Sporthalle wurden dort, aus dem Zusammenhang gerissen, hervorgehoben.

Seine Erklärungen (unter anderem: ›Ich bin zu jeder Schandtat bereit‹ und daß ›die Arbeiter klauen, dort wo sie arbeiten‹) werden als Beweis verwendet dafür, daß er nun definitiv eine Haltung bezogen habe, mit der er sich selbst jedes Recht einer weiteren Zugehörigkeit zur DDR beraube. Beachtet dabei wurde nicht, daß der allergrößte Teil seines Auftritts einer Verteidigung der DDR und des Kommunismus galt.

Ich muß nun, noch einmal, auf das Persönlichkeitsbild dieses Poeten und Sängers eingehen. Mehr als ein Jahrzehnt lang war ihm die Möglichkeit eines öffentlichen Auftretens genommen worden. Die Isoliertheit im eigenen Lande wurde ihm mehr und mehr zum Lebensmuster. Er sang für Freunde im kleinsten Kreis. Die Wirkung seiner Lieder auf Schallplatten fand außerhalb seines Bereiches statt. Die Beengung hat ihn nicht zum Schweigen gebracht, sondern seinen Trotz, seinen Ausdruckszwang gesteigert.

Dann und wann glaubten wir Anzeichen dafür zu sehen, daß er sich auch in seinem Land zur Geltung bringen dürfe. Als der, der er war, wurde ihm schließlich die Genehmigung, mit dem Recht zur Wiedereinreise gegeben, in der Bundesrepublik eine Reihe von Veranstaltungen abzuhalten.

Nun steht er, aus seinem Zimmer in der Chausseestraße kommend, vor einem riesigen Publikum. Allein eine solche Konfrontation mußte ihn, der zum ersten Mal die wahre Resonanz seiner Stimme prüfen, und: zurückkehren zu können in das Land seiner Zugehörigkeit, sowohl unter starken psychischen Druck als auch in eine Ausgelassenheit versetzt haben.

Ist es da nicht verständlich, wenn er, seine ganze Kraft gebend, sich in der Hitze des Gefechtes zu einigen Äußerungen hinreißen ließ, die, aus dem Kontext genommen, ihm zur Last gelegt werden konnten? Er sagte, soweit ich dies beurteilen kann, nichts anderes, als was er früher, im Affekt, von sich gegeben, und was schreibende Genossen in der DDR in dezenterer Form auch berührt hatten.

Vor elf Jahren schrieb ich: ›Ein Biermann braucht nicht schief aus dem Kollektiv herauszufallen, wenn man sich darauf besänne, daß ein lebendiges Kollektiv auch das Abweichende, das Wilde, das Anstößliche und auch das Erschrekkende in sich tragen muß.‹

Biermann kommt aus der Tradition des Villon. In Schweden können wir ihn mit dem Dichter und Sänger Bellmann vergleichen. Seine Sprache wächst aus Emotionen hervor. Es gehört zu ihr die Spontanität, die Aggressivität, die Frechheit. Was wäre ein Villon gewesen, hätte er sich stets besonnen, ob er dies auch sagen dürfe! Was wären ein Villon, ein

Bellmann, ein Rimbaud, hätten sie den Weg der Konformität eingeschlagen?

Wir, die wir uns als Freunde der DDR ansehen, die wir, trotz der Mißhelligkeiten, wie sie auch zwischen uns und der DDR aufgekommen sind, festhalten wollen an dem wertvollen Arbeitsaustausch mit diesem Land, können nur aufs neue darauf aufmerksam machen, wie wichtig es für die Vitalität einer Kultur ist, daß sie auch ihre scharfen und bösen Zungen zur Sprache kommen läßt. Die DDR ist stark genug, um ihre heftigsten, expressionistischsten Kritiker dulden zu können.

Biermann hat dem lange unterdrückten Streit nun seine Öffentlichkeit gegeben, es wäre besser gewesen, hätte er diesen Streit im Kreise seiner Eigenen ausfechten dürfen. Doch nun ist er draußen, im anderen Deutschland, daß er nicht für das bessere hält.

Ich wende mich an die Beschlußfasser in der DDR: Nehmt euere Entscheidung der Aberkennung seiner Staatsbürgerschaft zurück!«

Peter Weiss und Artur Lundkvist, beide korrespondierende Mitglieder der Akademie der Künste der DDR, initiierten auch einen Protest des schwedischen PEN-Klubs gegen die Ausbürgerung, der von einem weiteren Aufruf zahlreicher linker Kulturschaffender begleitet war. Die schwedische Zeitung »Ny Dag« kommentiert dazu, daß die Maßnahme

»der Sache des Sozialismus schadet. Selbstverständlich nutzen antikommunistische Kreise blitzschnell und dankbar die ihnen von den DDR-Behörden servierte Gelegenheit aus, den Sozialismus zu diskreditieren. Ihre Angriffe sollte man zurückschlagen, sie stehen im Solde der gleichen Kräfte, die Victor Jara ermordeten ... sowohl die Maßnahme wie auch die Begründung wird jedoch auch von vielen Kommunisten und anderen Freunden der DDR als ein Zeichen ernster Schwäche im gesellschaftlichen Aufbau der DDR aufgefaßt. Zum Sozialismus gehört die Entwicklung einer freien Kritik und eines offenen und vielseitigen Kulturlebens. Sollte die

Kritik in etwas umschlagen, was man – zu Recht oder nicht – als üble Nachrede bezeichnen muß, ist es jedoch unzulässig, solche Menschen ihrer Staatsbürgerschaft zu berauben. Es würde kein guter Dienst an der DDR sein, wenn man das nicht stark hervorheben würde.«

Die Tageszeitung der Kommunisten Dänemarks »Land og Folk« führte in ihrer Wochenendbetrachtung am 20./21. 11. 76 unter der Überschrift »Was ist eine angemessene Antwort?« eine neue Dimension der Sicht auf den Vorgang ein:

»Wenn die angemessene Antwort sich beispielsweise auf den Kommentar des »Neuen Deutschland« beschränkt hätte, hätte das einen Eindruck von Stärke der DDR vermittelt, ohne der Hetze Vorschub zu leisten, die nun erfolgt. Es ist schwer, sich vorzustellen, daß Biermann nach einer Rückkehr in die DDR anders gewirkt haben würde als zuvor, da seine Anwesenheit nicht verhindern konnte, daß jungen Dänen ›die Augen glänzten‹, als sie in der DDR zu Besuch waren.

Es gibt eine weitere Seite dieses Problems. In der kapitalistischen Welt läuft die antisozialistische Propaganda auf Hochtouren. ... Diese Propaganda soll den demokratischen Kräften die Frage zurufen oder zuflüstern: ›Ist es das, was die Kommunisten für Eure Zukunft anstreben, daß oppositionelle Personen nicht das Wort erhalten können, daß sie rausgeworfen werden?‹ «.

Kreise zog die Ausbürgerung auch in Italien. »l'Unita«, die große Tageszeitung der Italienischen KP veröffentlichte am 25. 11. 76 einen längeren Artikel, in dem u. a. festgestellt wurde:

»Eine Person mit Verwaltungsmaßnahmen, ohne jede legale Anordnung aus ihrem Lande auszuschließen, von ihrem Lande zu verbannen, sie von der Familie zu trennen, ist etwas, was unter jedem Regime zu verurteilen ist. Und sie wird noch schwerwiegender, wenn der Betroffene ein aktiver und überzeugter Kämpfer für die Sache des Sozialismus ist, und ein Künstler, wie es Biermann ist, der hinterlistig aus einem Land ausgewiesen wurde, das sich an den Idealen des Sozialismus inspiriert, und dem es, wie Biermann selbst oft unterstrichen hat, gelungen ist, so weitgehend die furchtbare Vergangenheit zu überwinden.« In einer Sendung des italienischen Fernsehens am 23. 11. 1976 bekräftigte der Chef der IKP, Enrico Berlinguer, diesen Standpunkt und fügte hinzu: »Wir sind gegen die Einschränkung der Freiheit des Ausdrucks.«

In Frankreich stieg besonders die Französische KP auf die Barrikaden. Die »l'Humanite« brachte am 23. 11. 76 einen längeren Artikel über die literarische Situation in der DDR und die Leistungen, die linke französische Zeitschriften für deren Verbreitung in diesem Lande eingebracht hatten. Es war Kritik mehr von der feineren Art, doch deutlich genug:

»Wir erleben zweifellos gegenwärtig unter dem Einfluß zahlreicher Faktoren (die ›Rechts‹-Entwicklung, die bei den Wahlen in Westdeutschland zum Ausdruck kam, ist nicht der unbedeutendste Faktor und auch nicht der einzige) Tendenzen zu einer gewissen Rückwärtsbewegung, deren Fortdauer nur dem Sozialismus, in Deutschland und in der Welt, schaden könnte.«

AFP meldete am 25. 11. 76, daß die Freundschaftsgesellschaft Frankreich-DDR die Aufhebung der Ausbürgerung fordert. Das Präsidium der Gesellschaft »wünscht, daß eine Maßnahme aufgehoben wird, die die Gefahr in sich birgt, das Antlitz der DDR in unserem Lande zu verdunkeln.«

Die Partei der Arbeit in der Schweiz veröffentlichte am 25. 11. 76 in ihrer deutschsprachigen Zeitung »Vorwärts« einen Beitrag, in dem u. a. festgestellt wurde:

»Die Verteidigung des Sozialismus ist sicher eine legitime Aufgabe des sozialistischen Staates. Wir meinen aber, daß sie mit administrativen Maßnahmen nicht zu lösen sei. Den Werktätigen der DDR darf gerade deswegen, weil sie wegen ihrer Leistungen vertrauensvoll in die Zukunft blicken, die offene Auseinandersetzung mit den Kritikern ihrer Gesellschaft zugemutet werden ... Die Aberkennung der Staatsbürgerschaft bei Verstoß gegen die Treuepflicht gegenüber dem Staat ist nach unserer Auffassung mit den Menschenrechten unvereinbar.«

Viele Parteien, Gesellschaften, demokratische Körperschaften Westeuropas meldeten sich in jenen Tagen zu Wort und protestierten gegen die Ausbürgerung. Die Mehrzahl der Standpunkte zeigte Betroffenheit und betonte im Unterschied zur DKP immer wieder ihre Sorge um den Zustand der Demokratie im Sozialismus. Sorgen, die sich bitter bewahrheiten sollten.

Die Rechten feierten mit ihrer Propaganda Triumphe, bestätigten so aber gerade Honeckers Entscheidung. Zu wesentlichen politischen Entscheidungen gegen die DDR kam es im Ausland nicht.

Der Umfang der internationalen Proteste erwies sich insgesamt für die DDR weit weniger schwerwiegend als die innenpolitischen Reaktionen. Das Konzept jener Politiker in der BRD, die die Chance sahen, eine größere internationale Verurteilung gegen die DDR zu organisieren, ging nicht auf.

Die Ursachen waren dafür vor allem darin zu suchen, daß Wolf Biermann als Künstler nur den Kennern der Szene bekannt war, auch deshalb, weil er über zwölf Jahre auf keiner Bühne gestanden hatte. Seine Grundhaltung, von anarchischen kommunistischen Idealen geprägt, machte es den Politikern schwer, seine Ausbürgerung zum Thema der großen Politik zu erheben.

Wolfgang Harich gewährte dem Berliner Extra-Dienst am 26. 11. 76 ein Interview, daß er zuvor dem »Stern« verweigert hatte, in dem wie in einem Brennglas die Widersprüchlichkeiten der Person Biermanns und der Bewertung seiner Ausbürgerung, die innere Zerrissenheit deutscher Intellektueller und der deutschen Linken zusammengefaßt war:

»e d.: Wie stehen Sie zu Wolf Biermann?

Harich: Ich schätze ihn als Künstler sehr. Von den übrigen deutschsprachigen Liedermachern zeichnet ihn stärkere poetische Kraft aus. Seine musikalischen Einfälle sind oft geradezu genial. Als Gitarren-Virtuose gehört er zur Weltspitze.

Besonders zieht mich an ihm seine Verschmähung modernistischer Mätzchen an. Seine Lyrik kennt noch Versmaß und Reim. Volkstümlich sind seine Texte, meist erzählen sie konkrete Geschichten. Sein – freilich weniger geglückter – Versuch, Heine zu adaptieren, bezeugt immerhin, daß ihm Negierung kulturellen Erbes fernliegt. Indem ich all dies bejahe, bekenne ich mich zugleich zum sozialistischen Realismus, in dessen Geist die Generation von DDR-Schriftstellern, der Biermann angehört, einst erzogen worden ist. Seinem Talent jedenfalls ist dieser Einfluß gut bekommen.

e d.: Sie reden nur in ästhetischen Kategorien. Der Fall Biermann ist heute in erster Linie ein Politikum. Wollen Sie sich darum herumdrücken?

Harich: Ich habe meine Laufbahn als Kritiker im Oktober 1945, im Westberliner ›Kurier‹, mit einer rein ästhetischen Würdigung der Größe Knut Hamsuns begonnen. So erlaube ich mir, nach wie vor darauf zu bestehen, daß ein Künstler in erster Linie unter künstlerischen Gesichtspunkten gewürdigt wird.

e d.: Um so mehr müßten Sie Biermanns Ausbürgerung als schweren Verlust für die Literatur und Kunst der DDR beklagen.

Harich: Der in der Tat beklagenswerte Verlust ist nicht erst jetzt eingetreten, sondern schon vor ungefähr zehn Jahren. Seitdem sang Biermann fast nur noch vor kleinen Grüppchen mehr oder weniger Unzufriedener in seiner Wohnung, oder man sah und hörte ihn auf dem Bildschirm, in Sendungen des Westfernsehens, die einzig den Sinn hatten, die DDR anzuschwärzen. Biermanns Wirkung bei uns konnte unter diesen Umständen, soweit überhaupt vorhanden, nur destruktiv sein. Sie hat aber auch Teile der Linken im Westen desorientiert.

e d.: Wer trug daran die Schuld? Es war doch wohl Walter Ulbricht, der Biermann nicht mehr öffentlich auftreten ließ und den Druck seiner Arbeiten untersagte.

Harich: Die Sturheit Ulbrichts ist damals mit Biermanns schnoddriger Renitenz und eitler Egozentrik zusammengestoßen. Ulbricht hatte, im Gegensatz zu dem 1960 verstorbenen

Wilhelm Pieck, zur Kunst keine innere Beziehung. Trotzdem wollte er sie bis in geringfügige Details bevormunden. Zu allem Unglück war er seit dem Tode Johannes R. Bechers (1958) über das, was die Künstler bewegte, auch noch ziemlich uninformiert. Nichtsdestoweniger hat es schon unter Ulbricht von Seiten der SED-Führung nicht an gelegentlichen Bemühungen gefehlt, Biermann differenzierter und verständnisvoller zu behandeln. Zumindest Teile seines Schaffens wollte man tolerieren. Ganz neue Perspektiven eröffneten sich für Biermann dann von 1971 an, spätestens nach dem VIII. SED-Parteitag. Hervorragende Künstler, Menschen, die an Toleranz und Fairneß nichts zu wünschen übriglassen, suchten immer wieder Brücken zu ihm zu schlagen. Verleger mit Sensibilität und weitem Horizont machten ihm Angebote. Parteifunktionäre, bis hinauf zu Mitgliedern des Politbüros, führten aussöhnungsbereit und verständnisvoll mit ihm Gespräche. Auf all das hat er entweder gar nicht reagiert oder es brüsk, zum Teil in beleidigender Form zurückgewiesen.

e. d.: Handelte es sich dabei nicht um Korrumpierungsversuche? Vielleicht sollte Biermann sein Comeback mit dem Verzicht, künftig an Mißständen in der DDR noch Kritik zu üben, erkaufen?

Harich: Die Kritik an Mißständen in der DDR befand sich nie in exklusiver Erbpacht Wolf Biermanns. Lesen Sie, um sich davon zu überzeugen, unsere Literatur. Oder besuchen Sie unsere Kabaretts, etwa die ›Distel‹, oder die ›Pfeffermühle‹. Da wird ausgiebig Kritik geübt, bisweilen schärfer, gezielter, konkreter als alles, was Biermann in der Beziehung geschrieben hat.

e d.: Woher dann aber die Unüberbrückbarkeit des Konflikts mit d i e s e m Sänger-Dichter?

Harich: Für definitiv unüberbrückbar halte i c h den Konflikt n i c h t , auch jetzt nicht. Allerdings muß jeder, der dazu beitragen möchte, ihn aus der Welt zu schaffen, zweierlei beachten. Erstens hat Biermann, wenn irgend etwas bei uns ihn ›ankotzte‹, sich mitunter voller Ressentiments dazu hinreißen lassen, die übelsten antikommunistischen Klischees, wie man sie im Westen eigentlich nur in der Springer-Presse findet, derart suggestiv mit Anspielungen auf den DDR-Alltag zu verknüpfen, daß die westliche Hetze gegen unsere Gesellschaft, unseren Staat plötzlich den Anschein einer vermeintlich aus dem Leben geschöpften Authentizität erhielt. Ich unterstreiche, daß das mitunter geschah. Biermanns gesamte Produktion geht in solchen Elaboraten keineswegs auf. Aber gerade sie haben die Funktionäre bei uns bis zur Weißglut gereizt und sind andererseits von den reaktionär manipulierten Massenmedien des Westens begierig aufgegriffen, hochgespielt und zum Zweck politischer Zersetzung sowohl der DDR-Bevölkerung als auch der bundesdeutschen Linken mißbraucht worden.

Zweitens. Biermann war, solange er in der DDR lebte, selbstgefällig und narzißtisch genug, ausgerechnet diese Art von Publicity zu genießen. Und aus Angst, sein Westruhm könne verblassen, hat er jedesmal, wenn die DDR-Oberen im Konflikt mit ihm einlenkten, krampfhaft an seiner Märtyrerkrone festgehalten, auch als deren Dornen längst nur noch aus Gummi waren. Dabei hatte er, im Unterschied zu kleineren Geistern, ein solches Manöver gar nicht nötig. Sein Talent würde ausreichen, ihm allein durch die Qualität dessen, was er zu leisten vermag, weltweit Gehör zu verschaffen.

Anders steht es mit seinem langjährigen Freund Havemann, der schon immer, egal ob linientreu oder dissident, als Einzelwissenschaftler mittelmäßig, als Philosoph ein Ignorant, eine Null gewesen ist. Ihm tut unlautere Werbung bitter not.

e d.: Halten Sie den Appell einiger Schriftsteller und Künstler aus der DDR, ihre Regierung möge den Ausbürgerungsbeschluß noch einmal überdenken, für sinnvoll und aussichtsreich?

Harich: Nein. Zunächst deswegen nicht, weil ich zweifle, ob Biermann überhaupt daran liegt, in die DDR zurückzukehren, ob er nicht vielmehr die Dornenkrone des Unterdrückten nunmehr gegen die des ›Exilierten‹ auszutauschen gedenkt. Seine Reise zu den öffentlichen Auftritten in der Bundesrepublik ist ihm genehmigt worden, nachdem eine westdeutsche Resolution dies gefordert hatte, die u. a. die Unterschriften eines Bonner Ministers und des Regierenden Bürgermeisters von Westberlin (für Bochum wohl noch nicht ganz zuständig) trug. Wenn Biermann daraufhin gleich bei der ersten Veranstaltung, der in Köln, überwiegend Satiren auf die DDR zum Besten gab, so mußte er fest damit rechnen, daß man ihm hier die Rückkehr verwehren würde. Außerdem hat er nach erfolgter Ausbürgerung seinen Wunsch, heimzukehren, und die Betonung seines – vermeintlichen – Rechtsanspruchs darauf in Formulierungen gekleidet, die den Graben nur noch vertiefen mußten und jeder Regierung der Welt ein Einlenken unmöglich gemacht hätten. Was aber jenen Appell angeht, so ist er offensichtlich übereilt westlichen Medien zur Veröffentlichung zugespielt worden, bevor unsere Regierung Gelegenheit hatte, ihn zu prüfen, falls sie ihn zu diesem Zeitpunkt überhaupt schon in den Händen gehabt hat. Der Appell war von vornherein ungeeignet, Biermanns Heimkehr zu erwirken. Bestenfalls sind die Verfasser einer Finte aufgesessen. Bei dem einen oder anderen möchte ich nicht ausschließen, daß es ihm um moralische Selbstbefriedigung gegangen sein mag. So oder so entstand der Eindruck demonstrativer Offenbarung eines Gegensatzes zwischen prominenten Kulturschaffenden der DDR und ihrem Staat. Und wie kommunistisch regierte Staaten auf dergleichen zu reagieren pflegen, ist hinlänglich bekannt.

e d.: Demnach halten Sie die Situation für hoffnungslos verfahren?

Harich: Durchaus nicht, vorausgesetzt nur, man läßt sich nicht von der Hektik sensationsgieriger Journalisten anstekken, sondern betrachtet Biermanns Neubeginn im größeren, volksreicheren, vom Kapitalismus beherrschten Teil des deutschen Sprachraums als einen Vorgang aktueller Literaturgeschichte, der a u c h positive Möglichkeiten in sich birgt.

e. d.: Worin sollten die bestehen? Und wie sollten sie Wirklichkeit werden können?

Harich: Biermann war, solange er in der DDR lebte, förmlich besessen von dem Gedanken, jeder müßte zuerst vor der eigenen Tür kehren. Bliebe er diesem Grundsatz fortan treu, so hieße das, daß die Linke im Westen einen hochtalentierten, wortmächtigen Mitstreiter hinzugewonnen hätte.

e. d.: Schließt dieser Gedanke die Erwartung ein, Wolf Biermann möge von nun an seine Kritik an der DDR einstellen?

Harich: An DDR-Kritik ist in der Bundesrepublik kein Mangel. Sie gedeiht dort in allen Schattierungen: plump und subtil, ignorant und kenntnisreich, töricht und gescheit, gehässig und freundschaftlich, zugeschnitten auf jede Gesellschaftsschicht, jeden Intelligenzgrad, jede Interessenrichtung. Ich wüßte nicht, wie Biermann dem noch eine weitere Nuance hinzufügen könnte. Dieser Markt ist gesättigt. Von der Propaganda für die DDR läßt sich gleiches nicht behaupten.

e d.: Und ausgerechnet Biermann soll jetzt, nach dem, was vorgefallen ist, hier eine Lücke schließen helfen?

Harich: Es wäre sehr zu begrüßen, wenn er das täte. Aber ich sehe ein, daß dies von ihm zu verlangen zu weit gehen hieße. Wie wäre es jedoch, wenn er sich dazu entschlösse, das Thema DDR ein paar Jahre lang ganz auf sich beruhen zu lassen, um sich ausschließlich dem Kampf gegen die Bourgeoisie, gegen die himmelschreiende Ungerechtigkeit und Widersprüche des Spätkapitalismus, gegen die Kurzsichtigkeit und Unvernunft imperialistischer Politik zu widmen?

e d.: Und am Ende soll er dann um Aufnahme in die KPD nachsuchen. Oder?

Harich: Auch in diesem Punkte sind meine Wunschvorstellungen bescheiden. Ich knüpfe an eine der vernünftigen, bedenkenswerten Aussagen an, die Biermann in Köln vorgetragen hat. Er meinte sinngemäß, an jeder der linken Gruppierungen im Westen gäbe es etwas Wertvolles, sie sollten das gegenseitig aneinander respektieren lernen und so zur Gemeinsamkeit finden. Dies berührt sich eng mit dem neulich im ›Argument‹ abgedruckten Plädoyer Helmut Gollwitzers für die Ausbreitung ›ökumenischer Gesinnung‹ unter den Linken. Brecht hat dasselbe einst am prägnantesten ausgedrückt: ›Unsere Herren, wer sie auch seien,/ sehen unsere Zwietracht gern,/ denn solang sie uns entzweien,/ bleiben sie doch unsere Herrn.‹

Logischerweise durften es demnach Verfassungsschutzagenten sein, die in all jenen Gruppierungen die Zwietracht am eifrigsten schüren, und daß diese Behörde die DKP als ihren politisch einzig ernst zu nehmenden Gegner betrachtet, hat sie selber oft genug betont. Hoffen wir, daß Biermann sich das stets vor Augen hält. Dann könnte er der Linken in der Bundesrepublik helfen, statt als zusätzliches Ferment ihrer Zersetzung zu wirken.

e. d.: Sie gingen davon aus, daß ein Künstler zuerst nach künstlerischen Kriterien gewertet werden müsse. Sehen Sie nicht die Gefahr, daß Biermann als Dichter Schaden nimmt, wenn ihm mit der Lebenswirklichkeit der DDR der seiner spezifischen Begabung gemäße Gegenstand entzogen bleibt?

Harich: Das braucht nicht zu geschehen. Es kann auch das Gegenteil eintreten: ein Aufblühen seiner Kunst durch unmittelbare Konfrontation seines Widerspruchsgeistes mit der Realität des Kapitalismus, durch die Verbindung mit Arbeitern, die den Klassenkampf von unten führen. Sollte sich jedoch herausstellen, daß Sie auf die Dauer mit Ihrer Befürchtung recht behalten, dann würde ich es an Eifer, mich für Biermanns Heimkehr in die DDR einzusetzen, nicht fehlen lassen. Aber erst nach skeptischer Beobachtung seines Verhaltens im Westen, erst zu gegebener Zeit, und das heißt, nicht heute, nicht morgen und, vor allem nie unter dem Druck irgendwelcher Kampagnen des Klassenfeindes, die diesmal begünstigt zu haben Biermann vorzuwerfen bleibt.

e d.: Ist Ihnen bewußt, daß Sie sich mit Ihren Antworten viele Sympathien verscherzen werden, nicht nur unter Liberalen und Sozialdemokraten, sondern auch in den Reihen der Linkssozialisten, ja selbst bei manchem Mitglied der DKP?

Harich: Der Wahrheitsgehalt meiner Auffassungen ist mir wichtiger als Imagepflege. Um die Integrität der eigenen Persönlichkeit besorgt zu sein überlasse ich anderen, z. B. Stephan Hermlin, der seit vielen Jahren außer dieser Integrität kaum Nennenswertes mehr vorzuweisen hat, während ihm früher wenigstens mal eine wohlklingende Hymne auf Stalin gelang.«

IV. Nachgeschichte
Das vorläufige Ende der Reformer für eine neue Kulturpolitik

Fünf Jahre nach Wolf Biermanns Ausbürgerung, der Schriftsteller Jurek Becker am 17. November 1981, kurz vor Mitternacht auf RIAS II:

»Es kommt mir unglaublich vor, daß fünf Jahre vergangen sind. Es ist so wenig inzwischen passiert. Der Protest von damals hat kaum andere Folgen gehabt als die eine, daß er die Situation der Protestierer verändert hat. Nicht im entferntesten hat er das rückgängig machen können, wogegen er gerichtet war. So gesehen, war er vergeblich. Doch das ist nicht der einzige Gesichtspunkt. Vielleicht hat manches nicht stattgefunden, was ohne diesen Protest geschehen wäre. Ich will mir aber nichts in die Tasche lügen, allzuviel kann es nicht gewesen sein, man spürt nichts. Trotzdem – ich sehe einen Punkt, an dem die Frage nach Erfolg oder Mißerfolg einer Aktion nicht die wichtigste ist.

Es gibt Maßnahmen, die nicht stumm hingenommen werden dürfen. Es gibt Maßnahmen, die unwidersprochen hinzunehmen nichts anderes bedeutet als sich aufzugeben. Noch heute halte ich es für genauso empörend wie vor fünf Jahren, daß jemand, weil er bestimmte Ansichten hat und die auch öffentlich zum Ausdruck bringt, nicht in sein Land zurückkehren darf. Ich lebe nun seit einer guten Weile im Westen, aber der Abstand will sich nicht einstellen. In der ersten Zeit habe ich gedacht, es sei nicht gut, sich hier über Probleme in der DDR zu äußern. Der Westen sei nicht der geeignete Ort, Meinungen über Zustände in der DDR von sich zu geben, dazu negative. Das hätte ich dort schon getan, das könne man nur von dort aus tun oder gar nicht, denn in welche Nachbarschaft begäbe man sich sonst, sagte ich mir, wer hätte den Nutzen davon und wer den Schaden – der übliche Konflikt. Heute denke ich nicht mehr so.

Heute denke ich, daß eine solche Rücksichtnahme niemanden nützt, daß sie höchstens hilft, die Zustände aufrechtzuerhalten, mit denen man nicht einverstanden ist. Ich weiß, daß auch andere, die sich in ähnlicher Situation befinden, mit demselben Problem zu tun haben. Vielleicht gelingt es ihnen, die DDR abzustreifen als etwas Vergangenes, in ihrer neuen Umgebung aufzugehen und bald auf dieselbe Weise dazuzugehören, wie sie früher in der DDR dazugehört haben. Ich kann nicht sagen, ob ein solches Bemühen um Integration sinnvoll oder abzulehnen ist, ich weiß nur, daß es in meinem Fall aussichtslos wäre. Auch wenn es manchem wie ein Makel vorkommen mag, hat es doch keinen Sinn, abzustreiten, daß einer wie ich immer nur ein halber Hiesiger sein wird und immer ein halber Dortiger. In vieler Beziehung ist das sicher ein Nachteil. Ich sehe aber auch den Vorteil, der darin steckt. Nicht mehr über die DDR zu schreiben und zu sprechen, das würde ja nur bedeuten, den erwähnten Versuch zu unternehmen, den aussichtslosen. Es würde darauf hinauslaufen, die Wurzel kappen zu wollen, die ein Schriftsteller nun einmal hat und die er sich nicht aussuchen kann. Und mit etwas verbunden sein heißt ja auch, sich darum zu kümmern und seine Bedenken und Zweifel so lange auszusprechen, solange Bedenkliches und Zweifelhaftes geschieht.«

Jurek Becker hatte nicht recht mit seiner Meinung, daß sich nichts in der DDR verändert hätte. Hinter den Kulissen spielte sich allerhand ab. Die Künstler wußten, daß es Mittel gab, Zugeständnisse politischer und künstlerischer Art von der Regierung zu erpressen und machten davon auch immer häufiger Gebrauch. Die SED und die Behörden wußten das in gleicher Weise, nutzten gelegentlich diese Situation auch zugunsten ihrer Interessen aus. Es war ja nicht so einfach, wie es so oft in den westlichen Medien dargestellt wurde, daß auf der einen Seite die Künstler und auf der anderen Seite die Partei und die Behörden sich wie zwei Feinde gegenüber saßen. Der Riß ging durch beide Seiten. Die Interessenkonflikte entstanden aus diesem Grunde: Spätestens seit dem Biermann-Trauma wurden in der DDR mehrere Arten von Kulturpolitik, die es offiziell nicht gab, betrieben:

Zum ersten handelte es sich um jene Politik, die mit dem bereits mehrfach beschriebenen Geist des 6. Plenums des ZK der SED von 1972 zusammenhing. Wenn es je so etwas wie Freiheit der Kunst in der DDR hätte geben können, so wäre dies mit konsequenter Verfechtung eben jener Absichtserklärungen verbunden gewesen. Die Ausbürgerung Biermanns war der Beginn der Aufgabe von Grundpositionen des 6. Plenums und damit auch des Parteiprogramms der SED. An ihre Stelle trat die Konzeption eines pervertierten Sicherheitsdenkens. Die künstlerische Intelligenz war für die Politbürokratie zu einem permanenten Unsicherheitsfaktor geworden. Die, die die Grundpositionen des 6. Plenums verteidigen wollten, wurden in das Abseits der Schadensbegrenzung gedrängt.

Zweitens gab es, aus dem engstirnigen Politikverständnis der Parteioberen herrührend, daß Kunst vor allem Waffe im ideologischen Klassenkampf sei, einen immer schärferen und hinterhältiger verlaufenden Kampf zwischen den Bereichen Agitation und Kultur im ehemaligen ZK der SED und bald schon in der ganzen Partei. Davon waren auch die Blockparteien nicht ausgeschlossen. Joachim Herrmann und die Medienfürsten wollten und brauchten den totalen Einfluß über die Kunst. Besonders schlimm daran war, daß diese Politik unter Berufung auf die eigene Biographie und das Vermächtnis jener erfolgte, die im Kampf gegen den deutschen Faschismus ihr Leben eingesetzt bzw. verloren hatten. Ein Vorfall spricht für das Groteske auch dieser Situation:

Als 1984 der neuerbaute Friedrichstadtpalast mit großem Gepränge eingeweiht wurde, führte der für seine spitze Zunge bekannte O. F. Weidling durchs Programm. Keiner hatte ihm allerdings übermittelt, was die zur Generalprobe anwesenden Vertreter der Kulturabteilung des ZK der SED alles zu kritisieren hatten. Warum eigentlich auch? O. F. machte also seins, mit dem Ergebnis, daß sich bei Honecker vor Verärgerung nur noch dann eine Hand rührte, wenn er sicher war, daß die Fernsehkamera ihn im Visier hatte. Die Folge war, daß O. F. im wahrsten Sinne des Wortes weg vom Fenster war und die Zuständigkeit der Kulturabteilung des »grauen« Hauses für die großen Partei- und Staatsempfänge an die Abteilung Agitation mit den Herren Geggel und Fensch überging.

Im damaligen Parteiapparat eine Maßregelung sondergleichen.

Und schließlich drittens: Die immer wieder auf Reformen drängenden Schriftsteller und Künstler wurden im Verlaufe solcher Auseinandersetzungen an ihrem Lebensnerv getroffen. Die Auswirkungen der Ausbürgerung von Wolf Biermann sind nie spezifisch untersucht worden. Allgemein galt in der SED die Auffassung, daß der Klassengegner zwar immer wieder versuche, in der DDR vor allem unter der künstlerischen Intelligenz eine innere Opposition zu schaffen. Die gab es wohl, aber sie war nicht organisiert.

Im ständigen Konflikt zwischen politischer Bevormundung und damit den Einengungen künstlerischer Freiheiten auf der einen und einer aus unterschiedlichen Gründen gewachsenen inneren Verbundenheit mit der DDR auf der anderen Seite verließen viele Künstler unter Schmerzen ihr Land. Andere wiederum sahen im Beantragen eines mehrjährigen Arbeitsvisums für das westliche Ausland einen »Zwischenweg«. Das kam der Politbürokratie sogar entgegen. Jeder der zeitweise oder gar für immer die DDR verließ, war ein Kritiker weniger und schwächte die innere Opposition gegen ihre Gesellschaftskonzeption. Nicht wenige verließen aber auch die DDR so wie viele andere Menschen: Sie waren der Überzeugung, im anderen Teil Deutschlands schneller besser leben zu können. Für einen Künstler, für den ein Telefonanschluß gleichbedeutend neben seinem eigenen Können die Existenzgrundlage darstellte, konnte das dann schon der Grund für das Verlassen dieser ehemaligen Republik sein. Entwürdigend, für beide Seiten, war es allemal.

Ein Jahrzehnt nach Wolf Biermanns Ausbürgerung waren aus dem Kulturbereich mehr als 350 Künstler und Kulturschaffende auf legalem oder illegalem Weg aus der DDR weggegangen. Darunter über 200 aus dem Bereich Musik und Theater, fast 70 Unterhaltungskünstler, 20 Mitglieder des Schriftstellerverbandes, 15 Mitglieder des Verbandes Bildender Künstler.

Am 14. November 1986 gab Wolf Biermann im Frühprogramm dem Deutschlandfunk folgendes Interview:

›... Moderator: Stephan Hermlin hat gesagt, man hat daraus gelernt in der DDR, ein Fehler, der nicht wiederholt wurde. Jurek Becker sagt, sehr wenig positive Entwicklungen, keine prinzipiellen Änderungen in der DDR. Was sagt der Wolf Biermann dazu?

Biermann: Na ja, nach dem Schreck über meine Ausbürgerung, den ich hatte, kriegte die Regierung der DDR darüber einen Schreck, daß so viele Leute in der DDR sich solidarisch mit mir verhielten. Daß es im Westen großes Geschrei geben würde, das konnten sie sich ja an einem Finger ausrechnen, aber daß es in der DDR selbst, zu Hause, soviel Protest geben würde, und zwar nicht nur unter den berühmten Schriftstellern und Künstlern, sondern auch bei den sogenannten einfachen Leuten, damit hatte keiner gerechnet, und daß muß ich Ihnen sagen, ich natürlich auch nicht. Denn damit konnte keiner rechnen. Das hatte es ja vorher noch nicht gegeben. In diesem Sinne kamen die Herrschenden dann selbst zu der Meinung, daß meine Ausbürgerung ein Fehler war. Honecker selbst hat es ja ein paar Jahre später mal zugegeben in einem Gespräch mit Schweizer Sozialisten, die ihn in Ostberlin offiziell besuchten. Da sagte er: ›Ja, das war ein Fehler.‹ Worauf natürlich wieder einige hirnverbrannte Trauerjournalisten auf die Schnapsidee kamen, Honecker würde seinem kleinen Biermann nachtrauern. Das hieß natürlich, in klare deutsche Prosa übersetzt, wir hätten den Hund damals nicht aussperren dürfen, das war ein Fehler, sondern wir hätten ihn, was wir ja auch wollten, einsperren sollen, das wäre politisch für uns billiger geworden.

Moderator: Das mit dem Aussperren hat ja seitdem Tradition, wenn auch nie offiziell. Viele von denen, die damals den Protest gegen die Ausbürgerung des Wolf Biermann unterschrieben haben, leben seit Jahren in der Bundesrepublik, im Westen, arbeiten hier, auch in Westberlin, ein Exodus, der ja noch gar nicht abgeschlossen ist und der inzwischen wohl auch die kleinen Leute, von denen Sie gerade sprachen, ergriffen hat.

Biermann: Na ja, auf jeden Fall haben die Herrschenden dazugelernt, die sind ja auch nicht blöde, also sie sind nicht blöder als wir. Die Dummköpfe sind auf allen Seiten gerecht verteilt, das ist doch klar. Die sind nicht blöd, sondern reaktionär, und das ist ein Unterschied, und sie lernen dazu, und sie haben zum Beispiel gelernt, daß es eleganter ist, die Leute mit einem Reisepaß in den Westen zu lassen, besonders die berühmteren Schriftsteller. Und es erweist sich, daß bei manchem Schriftsteller diese lange, elegante Kette mit Reisepaß sie fester bindet, als wenn man sie überhaupt nicht reisen läßt, und daß sie damit politisch fast willfähriger werden, als wenn man sie immer so hart zu Hause hält. Aber Sie wissen ja, einige sind dann hier geblieben und haben dieses ewige Hin und Her satt gehabt, weil sie sich auch schämten vor ihren Leuten, wenn sie nach Hause kamen. Es ist schwer, in einem Land zu leben, wo alle Leute festgehalten werden und man hat selber dieses süße, dieses gefährliche Privileg, immer hin und her zu reisen. Aber am Ende ist ja viel wichtiger, nicht ob irgendwelche berühmten Athleten hin und her reisen dürfen, Sportler oder Schriftsteller, sondern ob die sogenannten einfachen Leute es können. Das ist ein allgemeines Menschenrecht. Und in dem Maße, wie dieses Recht erweitert wird und die einfachen Leute, die nicht berühmt sind, vor denen man keine Angst hat, öffentlich, meine ich, wenn die reisen dürfen, dann würde ich von einem wirklichen Fortschritt sprechen, und dann könnte der Schriftsteller, der sogenannte berühmte, auch ohne seelisches Magendrücken diese Grenze passieren.

Moderator: Wolf Biermann, seit zehn Jahren in Hamburg ansässig, seitdem nicht mehr in der DDR gewesen – der Kontakt läuft doch sicherlich nicht nur über Zeitungen, über das Fernsehen, über die Rundfunkanstalten, sondern es kommen ja auch sehr viel Freunde von drüben?

Biermann: Na ja, welche, die dableiben, welche, die zurückfahren. Und die, die zurückfahren, muß ich Ihnen sagen, sind mir, meinem Herzen immer noch etwas näher, weil ich immer noch der Meinung bin, daß es schlimm ist, wenn so viele aufrichtige und tapfere Menschen, gerade die, die in Konflikt gekommen sind mit den herrschenden Umständen, wenn die immer abhauen in den Westen, das ist schlimm. Ich habe zwar inzwischen gelernt und lernen müssen, daß man sehr viel toleranter sein muß mit Menschen, die sagen, ich halte das nicht mehr aus, ich gehe weg. Ich werde denen keine politischen Moralpredigten mehr halten wie noch zu der Zeit, als ich in der DDR lebte und jedem Vorwürfe machte, der abhaute. Aber am Ende ist es doch das allerbeste, wenn man die Kraft hat, wenn man den Mut hat, aber natürlich auch die Umstände danach sind, daß man das überhaupt durchstehen kann, daß man in der DDR bleibt und dort lebt, das heißt, sich dort wehrt gegen die Unterdrükkung und dort denen, die sich nicht selber wehren können, beisteht. Das ist am Ende immer noch das menschlich Bessere und politisch Wirksamere.

Moderator: Stephan Hermlin hat gesagt, hartnäckig bleiben hilft auch in der DDR, sich seine Rechte zu sichern. Gilt das nur für den Künstler oder auch für den kleinen Mann?

Biermann: Das gilt leider nicht immer für den kleinen Mann, und aus Stephans Mund möchte ich das nicht so gerne hören, weil die berühmten Leute – bei denen ist sowieso immer alles noch mal ein bißchen anders. Ich meine, wenn's hart auf hart kommt, gehen die auch ab, und zwar dann wiederum schlimmer als die sogenannten einfachen Leute. Aber solange die Unterdrückung so gemütlich dahinläppert wie in der DDR, so lange haben die kleinen Leute es doch schwer, ihre Rechte durchzusetzen, auch mit Hartnäkkigkeit. Aber im Grunde kann man schon sagen, ja, ja, sie sollen. Und es ist besser so. Aber verstehen sie, es ist sehr schwer für mich, hier in Köln, wo ich gerade bin, ich wohne zwar in Hamburg ... es ist sehr schwer für mich, hier im Westen sitzend, den Leuten in Leipzig zu sagen, was für Heldentaten sie dort vollbringen können. Das ist eine schiefe Lage, dafür gibt es ein deutsches Sprichwort, das ich nie vergessen will, es heißt: ›Man soll nicht mit eines anderen Mannes Arsch durchs Feuer reiten.‹ Und ich will mit dem Arsch der Menschen in Dresden und in Mecklenburg nicht durch die Feuer reiten, die mich nicht verbrennen können.

Moderator: Welche Feuer brennen denn den Wolf Biermann?

Biermann: Na ja, hier ist es einem manchmal ganz schön heiß unterm Hintern, um im Bild des deutschen Sprichwortes zu bleiben. An Formen der Unterdrückung gibt es auch im Westen keinen Mangel, nur sie sind viel, viel anders, sie sind nicht wie im Kaspertheater mit dem Krokodil so einfach, sondern sie sind sehr viel raffinierter und differenzierter, weil die Macht eben nicht brutal wie in dieser öden Diktatur im Osten ausgeübt wird, sondern über den Markt, über die Arbeitsplätze, über das Geld, über die Warenproduktion. Das klingt sehr abstrakt, und es ist eben auch nicht so schön bilderbuchartig mit einem Unterdrücker an der Spitze, der ein Gesicht hat oder zumindest 'ne Fresse und den man beim Namen nennen kann und sagen kann: ›Der ist es, dieser Schweinehund, der muß weg!‹ oder irgendsowas. Hier ist alles sehr viel indirekter, und gerade für die Leute, die aus der DDR kommen und die an dieses alte System gewöhnt sind und sich darauf trainiert haben, für die ist es enorm schwer, hier sich zurechtzufinden und zu wissen, was vorne und hinten, richtig und falsch ist und wo eigentlich die Bedrohung herkommt. Die ist hier im Westen sehr groß, aber viel diffuser. Kaputtgehen kann man hier genauso wie im Osten, aber die Art, wie man kaputtgeht und von wo die Bedrohung wirklich kommt, das ist eine Erkenntnis, die man nicht so leicht hat wie im Osten, oder genauer gesagt, die Leute, die hier immer gelebt haben, die wissen es schon besser, die sind eben trainiert auf diese Gesellschaft, aber wer aus dem Osten kommt, der muß allerhand umlernen, um hier nicht vor die Hunde zu gehen ...«

V. Versuch einer Wiedergutmachung

Aus einem Brief von Wolf Biermann an Sarah Kirsch vom 5. November 1989:

»Heute ist Sonntag, the day after the revolution. Ich bin wieder in Altona. In der Glotze wars zu sehen: Gestern morgen hatte ich versucht, am Bahnhof Friedrichstraße durchzukommen. Freilich wußte ich, daß sie mich nicht durchlassen werden. Aber in diesen bewegten Zeiten ist nichts sicher. Und außerdem war ich von Bärbel Bohley eingeladen. Es sollte nicht so aussehen, als sei es meine Schuld, wenn nichts aus meinem Auftritt am 4. November auf'm Alex wird ...

Mir lacht das Herz, und es gab mir einen Stich: Denen gehts prima, die da brauchen mich nicht mehr. Du kennst das alte Elend der Exilierten: Er hofft, daß es zu Haus besser wird, aber wenn's besser wurde, hat er gar nichts mehr, nicht mal die alten treuen und liebgewordenen Feinde. Und er hat keinen Anteil am Sieg gegen die alten Unterdrücker.

Ich spürte es: Die brauchen mich zum Glück gar nicht mehr, aber ich brauche, leider! sie zu meinem Glück. Meine ureigenste Sache wird da verhandelt, dachte ich, und ich selber darf nicht dabei sein. Und da alles sich so wunderbar zum Guten wendet, fühle ich mich wie ein Angeklagter, der in Abwesenheit zum Leben verurteilt wird.«
(»Die Zeit«, Nr. 47/89)

Die Wiedereinreise Wolf Biermanns in die DDR erfolgte auf dramatisch-undramatische Art:

Am 18. November war ich (D. K.) auf der 12. Tagung der Volkskammer zum Minister für Kultur berufen worden. Tag und Nacht gab es von nun an für mich nicht mehr. Die Liedermacher Barbara Thalheim und Matthias Görnandt erbaten für den 27. 11. 1989 einen Gesprächstermin. Den konnte ich nicht gewähren, da an diesem Tag die Unterzeichnung eines Kulturarbeitsplanes zwischen dem Ministerium für Kultur der DDR und dem Ministerium für Kultur der Ukrainischen Sozialistischen Sowjetrepublik, eine Sitzung des Ausschusses für Kultur der Volkskammer, eine anschließende Pressekonferenz und eine Begegnung mit dem amerikanischen Pop-Künstler Robert Rauschenberg in Vorbereitung einer Personalausstellung auf dem Programm standen. So beauftragte ich meinen persönlichen Mitarbeiter, Barbara Thalheim und Matthias Görnandt zu empfangen. Als ich gegen 22.00 Uhr ins Ministerium für Kultur kam, um den täglichen Postberg abzuarbeiten, lagen auf meinem Schreibtisch ein Brief der Sektion Liedermacher und Kleinkunst des Komitees für Unterhaltungskunst der DDR mit der Bitte, der Kulturminister möge die Einreise von Wolf Biermann, Bettina Wegener, von Kunert und Pannach sowie Stephan Krawczyk ermöglichen, sowie die handschriftlichen Notizen über das Gespräch meines Mitarbeiters. Danach hätten die beiden Liedermacher nach dem erfolglosen Gespräch im Ministerium um ein Gespräch im Ministerrat gebeten, wo ihnen im Büro des Ministerpräsidenten mitgeteilt worden wäre, die Entscheidung läge ausschließlich beim Kulturminister. Meine Bemühungen um ein Telefongespräch mit Hans Modrow und Egon Krenz in der Nacht und am folgenden Morgen blieben erfolglos. So bat ich die Liedermacher für den 29. 11. zu einem Gespräch ins Kulturministerium mit der Absicht, sie um Verständnis zu bitten, daß die mir gegebene Zeit zu kurz sei, um eine positive Entscheidung herbeizuführen. Denn daß die Entscheidungsgewalt in dieser Frage beim Minister für Kultur lag, war wohl nur eine Ausrede auf Zeitgewinn seitens des Büro des Ministerpräsidenten.

Sektion Lied und Kleinkunst Berlin, den 27. 11. 89

Die Berliner Schriftsteller haben sich bei Stefan Heym und acht seiner Kollegen entschuldigt für deren Ausschluß aus dem Schriftstellerverband von 1979. Sie haben den Beschluß von damals zurückgenommen.

Auch wir denken über Kollegen nach, die vielleicht auf Grund härterer Erfahrungen nicht die Geduld oder den Humor hatten und haben wollten, manche Dinge in diesem Staat, manche Ungerechtigkeit, Leid, manches Hineinregieren in die Kunst, unsere Abhängigkeit schweren Herzens auch mit einem lachenden Auge zu sehen.

Sie sind mit Auftrittsverboten belegt, inhaftiert, ausgewiesen, abgeschoben worden. Hätten wir mehr für sie tun können und müssen oder waren wir auf andere Art Andersdenkende?

Die Gemeinsamkeiten und Kontakte sind nie ganz abgerissen. Wie weit reichen sie noch? Das wollen wir überprüfen und unserem Publikum zeigen. Deshalb möchten wir, die Sektion Lied und Kleinkunst beim Komitee für Unterhaltungskunst die ehemaligen DDR-Künstler

– Wolf Biermann
– Bettina Wegener
– das Duo Kunert – Pannach
– Stephan Krawczyk

am 02. 12. 89 zu einem gemeinsamen Abend unter dem Titel:

VERLORENE LIEDER – VERLORENE ZEITEN

in die Wabe (Thälmannpark) einladen. Bei dieser Begegnung werden die Verursacher der Abschiebungspolitik unbequemer Künstler in den Westen nicht anwesend sein, deshalb kann das Forschen nach den Ursachen nur insoweit relevant sein, als daß wir daraus lernen, daß sich die Ausgrenzung Andersdenkender, die Diskriminierung, Inhaftierung engagierter Künstler bei uns nicht wiederholen darf.

Der Kulturaustausch zwischen Ost und West soll zur Normalität werden. Mit der Veranstaltung am 02. 12. wollen die Liedermacher und Kleinkünstler der DDR ein Signal setzen. Gemeinsam mit unseren ehemaligen Kollegen werden wir nach Gemeinsamkeiten suchen. Nach ehemaligen, vor allem aber nach neuen.

Wir bitten den Kulturminister der DDR die Einreise der genannten Kollegen zu ermöglichen.

M. Görnandt
Sektion Lied und Kleinkunst
beim Komitee für Unterhaltungskunst

P. S. Wolf Biermann erwartet, daß er vor seiner Mitwirkung in der Veranstaltung am 02. 12. in Berlin ein repräsentatives Solokonzert in der DDR machen kann. Nach Recherchen des Managers Wolfgang Schubert wäre das am 01. 12. in einer Messehalle in Leipzig (Veranstalter FDJ-Bezirksleitung) möglich. Biermann müßte also am 01. 12. einreisen können.

Aber schon am 28. 11. informierte, für mich völlig überraschend, ADN, daß das Komitee für Unterhaltungskunst mich beauftragt habe, die Klärung der Einreise von Wolf Biermann zu veranlassen, der Sender Leipzig kündigte am gleichen Tag ein Biermann-Konzert in der Leipziger Messehalle am 1. Dezember an und in meinem Büro landete ein Anruf der Berliner Veranstalter des gemeinsamen Abends ›Verlorene Lieder – verlorene Zeiten‹, mit dem Inhalt, wenn nicht innerhalb einer Stunde die Einreise von mir genehmigt wäre, würde die Presse alarmiert. Im Spiel waren also auch gezinkte Karten, aber Wendezeiten sind nun mal nicht normale Zeiten. Ich bat um Zeitaufschub.

In der Nacht vom 28. zum 29. November erhielt ich dann folgendes Telegramm: ›Wir erwarten von Ihnen, daß Sie sich mit Ihrer ganzen Autorität für die sofortige Aufhebung der Einreiseverbote für Wolf Biermann, Erich Loest und alle anderen ehemaligen DDR-Künstler einsetzen, unabhängig davon, welche Haltung man diesen Personen gegenüber im einzelnen einzunehmen gewillt ist. Wir betrachten eine solche Maßnahme als ein unbedingt notwendiges Zeichen für die moralische Rehabilitierung aller – ob im Zusammenhang mit der Biermann-Ausbürgerung, davor oder danach – durch die Partei- und Staatsführung verleumdeten und gemaßregelten Künstler. In einem Biermann-Lied heißt es: ›... das Grün bricht aus den Zweigen –/ wir woll'n es allen zeigen –/ dann wissen sie Bescheid!‹. Zeigen wir es ihnen! 57 Mitglieder des Staatsschauspiels Dresden‹.

Die Einreiseerlaubnis für Biermann und seine Freunde war also innerhalb weniger Stunden zu einer generellen Prinzipfrage zumindest für Teile der künstlerischen Intelligenz geworden. Und ich bekam unerwartete Schützenhilfe.

Am 29. November hatte ich Künstler zu einer ersten Aussprache über das Woher und Wohin ins Ministerium geladen, darunter Gerhard Schöne und Hans-Eckardt Wenzel, Toni Krahl, Christa Wolf, Stefan Heym und Christoph Hein, Jochen Kowalski, Albert Hetterle und Dieter Mann, Manfred Butzmann, Helge Misselwitz und Joachim Tschirner. Alle sprachen sich für die Einreise Biermanns aus. Ich unterbrach die Sitzung, telefonierte mit Hans Modrow und Klaus Höpcke, Hans Modrow sprach mit Egon Krenz und es gab grünes Licht. Ein halbes Dutzend gleicher Versuche in den Tagen zuvor war ohne Ergebnis geblieben, die Namen fordernder Künstler erwirkten mehr als das Wort des Kulturministers. Selbst in diesen Tagen war die ›führende Rolle‹ der Partei oder besser des Politbüros noch nicht gebrochen, obwohl die Regierung Modrow alles versuchte, die Trennung von Partei und Staat konsequent zu vollziehen.

Unmittelbar nach der Begegnung mit den Künstlern gab ich gegen 17.00 Uhr die Entscheidung zur Einreise Wolf Biermanns auf einer Pressekonferenz bekannt, ›Aktuelle Kamera‹ und Abendnachrichten vieler Rundfunkstationen meldeten sofort.

Von diesem Moment gab es für mich keine ruhige Minute mehr. Die Telefone zu Hause und im Ministerium klingelten ununterbrochen, empörte Briefe erreichten mich, Proteste wurden angekündigt. Ich veranlaßte deshalb eine Erklärung des Ministeriums für Kultur, die vor allem dämpfend wirken sollte und die am 30. November von ADN verbreitet wurde:

»Nach Bekanntgabe der Einreise von Wolf Biermann am Wochenende gab es unterschiedliche Reaktionen von Bürgern der DDR, die ihren Protest oder ihre Zustimmung beim Ministerium für Kultur zum Ausdruck gebracht haben. Deshalb stellt das Ministerium für Kultur fest, die Einladung von Wolf Biermann erfolgte ohne Kenntnis des MfK und geht auf die Initiative von Künstlern der Sektion Lied- und Kleinkunst beim Komitee für Unterhaltungskunst zurück, die eine Veranstaltung in Leipzig mit Wolf Biermann für Freitag öffentlich vorbereitet haben und dazu Karten verkauften.

Das MfK ist weder Initiator, Einlader noch Veranstalter.

Der Kulturminister hat sich unter den gegebenen Bedingungen für die Einreise ausgesprochen und zugleich seinen Wunsch zum Ausdruck gebracht, mit Wolf Biermann vor seinem Leipziger Konzert zusammenzutreffen.«

Auszüge aus Briefen

Berlin, d. 1. 12. 89

... Werter Genosse Minister!

Seit mehr als 40 Jahren gehöre ich der SED an, der Partei, der Du ebenfalls angehörst. Die Vorgänge der letzten Wochen machen Hoffnung, aber auch Angst. Es geschehen Dinge, die betroffen machen, aber auch Wut erzeugen. Viele von denen, die heute behaupten, in der Vergangenheit mundtot gewesen zu sein, wollen nur ihre Meinung als alleingültige Wahrheit gelten lassen und wollen einen »einseitigen« Dialog. Mich stört vor allem das Auftreten einer Reihe von Kunst- und Kulturschaffenden. Sie sind dabei, alles in Frage zu stellen. Für sie gibt es keine Errungenschaften, alles war schlecht, falsch und menschenfeindlich. Sie wollen sich zum Richter aufschwingen und den übrigen Teil des Volkes, vor allem die Arbeiter und Bauern, belehren und »aufklären«. Nach meiner Auffassung ist das eine Entwicklung, die man unbedingt bremsen und stoppen sollte. Mir gefällt das gar nicht, daß die Künstler am lautesten schreien, die die meisten Privilegien hatten und haben. Wäre es nicht an der Zeit, auch hier mit dem Aufdecken der Privilegien zu beginnen? Haben nicht auch viele unserer Künstler Eigenheime, teure Villen, schloßähnliche Datschen, Westwagen, Westkonten usw.? Ich würde sagen, etwas Zurückhaltung dieser Privilegierten könnte nichts schaden.

Der eigentliche Grund meines Schreibens ist jedoch ein anderer: Vorgestern und gestern teilten unsere Medien mit, daß Wolf Biermann der »neue« Stern in der DDR-Kulturszene ist. Er wird in die DDR kommen, auftreten (und uns und unsere Werte und Errungenschaften verunglimpfen) und der Minister für Kultur begrüßt das alles, ja er würde sich freuen, wenn er mit (dem »großen« Marxisten, Menschenfreund und Künstler) Biermann zusammentreffen könnte. Genosse Keller, ich verstehe Dich nicht! W. Biermann ist doch kein Freund der DDR und ihrer Menschen ...

... Dieser »Schmutzfink«, diese »Dreckschleuder« soll nun zu uns kommen, soll all das bei uns sagen und singen dürfen, was man bislang nur in den Westmedien sehen und hören konnte? Das darf doch wohl nicht wahr sein! Müssen wir uns das eigentlich bieten lassen, dürfen wir uns nicht dagegen wehren?

Genosse Keller! Wer hat Dich denn in dieser Frage so schlecht beraten? Warum lehnst Du es nicht ab, einen solchen Mann zu treffen? Warum setzt Du Dich im Ministerrat nicht dafür ein, daß dieser »Vogel« bleibt, wo er ist, in der BRD? ...

Es grüßt
Dr. H.

Berlin, 28. 11. 1989 ...

... Mit Bestürzung und Befremden habe ich zur Kenntnis erhalten, daß durch Sie geäußert worden sein soll, daß ein Wolf Biermann wieder eingebürgert werden kann. Ich kann das zwar nicht glauben, will mich aber dennoch dazu klar und eindeutig äußern.

Jeder ehrliche und aufrichtige Bürger und Kommunist in unserem Land wird einen solchen Akt verurteilen. Ich möchte Ihnen meine ganz persönliche Haltung dazu mitteilen. Ein Mann, der nicht nur führende Politiker unseres Landes, sondern die werktätigen Massen und Frauen und Mütter unserer Heimat beschimpft und verunglimpft hat, der hat auf ewige Zeiten das Recht verwirkt, sich je wieder Bürger der DDR zu nennen. Dieser Mann darf nie wieder einen Fuß auf den Boden der DDR setzen, auch dann nicht, wenn eine Bärbel Bohley oder das ganze neue Forum es fordern sollte ...

... Viele Genossen, mit denen ich über dieses Thema sprach, waren und sind schockiert wie ich über diese Nachricht.

Darum möchte ich Sie bitten, diese »Ente« auffliegen zu lassen und klar und deutlich zum Ausdruck zu bringen, daß ein Wolf Biermann niemals wieder die DDR betreten wird.

Ebenso erwarte ich eine Offenlegung der Gagen, die unsere Künstler beziehen. Mit der Bemerkung, es gibt ein »Gagengeheimnis«, kann ich mich nicht einverstanden erklären.

Mit sozialistischem Gruß
Z.

Werter Genosse Dr. Modrow! ...

... PS: Zu dem bevorstehenden Gespräch mit Herrn Biermann mein Vorschlag: Falls Herr Biermann Schwierigkeiten bei der Beschaffung einer Wohnung und dem Umzug anmelden sollte, möge der Kulturminister ihm doch vorschlagen seinen Wohnsitz in Wandlitz, vielleicht in der ehemaligen Wohnung des Gen. Krenz, zu nehmen. Beim Umzug werden ihm die Kampfgruppen der Arbeiterklasse sicher »gern« helfen ...

Mit sozialistischem Gruß
E. A.

30. 11. 1989

Sehr geehrter Genosse Dr. Keller!

... Wir können Sie nur bitten, so schnell als möglich eine tragfähige Konzeption für eine neue demokratische Kulturpolitik in diesem Lande zu erarbeiten, damit solche Entscheidungen, die offensichtlich nur auf Druck einiger Berliner Künstler zustande kamen, der Vergangenheit angehören ...

Mit freundlichem Gruß
I. K. M. W. E. K.
D. I. K. F.

Fritz-Reuter-Oberschule 27.11.1989
K...

... Hiermit protestieren wir entschieden gegen die eventuelle Einreise des Wolf Biermann in die DDR. Wir halten es unter den gegenwärtigen Enthüllungen über Vorgänge in der Vergangenheit unseres Staates durchaus für möglich, daß auch in seinem Falle Recht gebeugt wurde und sind daher mit der Überprüfung seiner Ausweisung durchaus einverstanden. Wir haben auch Verständnis, daß er wegen persönlicher Kränkung und ungerechter Behandlung sich während seines Aufenthaltes in der BRD westlichen Medien für ihre Agitation gegen die DDR, die zweifellos nicht von lauteren Motiven bestimmt war, zur Verfügung stellte ...

... Es ist doch wohl international im Umgang souveräner Staaten üblich, jemandem, dem primitivste Umgangsformen, dem die Achtung vor den Menschen in dem Land, in das man einzureisen wünscht, fehlen, die Einreise zu verweigern.

Wir hoffen, daß unserer Forderung entsprochen wird, wenn schon keine gerichtliche Klage wegen Beleidigung, Diffamierung und dgl. erfolgt.

H. Sch. und weitere 18 Unterschriften

Wir, die unterzeichnenden Mitarbeiter des Generalsekretariats (einer wissenschaftlichen Gesellschaft – d. H.) sind empört und bringen unser Unverständnis darüber zum Ausdruck, daß einem Mann, dessen einziges Anliegen in den letzten 30 Jahren darin bestand, uns und unser Land zu beschimpfen, ein Mikrofon, ein Saal und ein Fernsehkanal zur Verfügung gestellt wurde.

Ohne Zweifel ist es notwendig, bestimmte Entscheidungen der Vergangenheit, so auch die Ausbürgerung von Wolf Biermann, in der heutigen Zeit neu zu überdenken. Aber gefordert ist heute der konstruktive Dialog mit allen, denen die Zukunft unseres Landes am Herzen liegt, und die Reaktion auf die Unterschriftensammlung zum Aufruf verschiedener Schriftsteller unseres Landes zeigt deutlich, daß diese Zukunft eine sozialistische sein muß. In dieser Zeit einem Mann wie Wolf Biermann alle technischen Möglichkeiten zu geben, in jedem Wohnzimmer um Sympathie zu werben und seine Auffassung kundzutun, einem Mann, der sich jahrzehntelang als Gegner unseres Staates einen Namen gemacht hat, hat nichts mit einer sicher noch zu lernenden Kultur des Streits zu tun, denn auf die Stimme des Volkes (auch des Andersdenkenden) zu hören, kann nicht heißen, unsere Gegner auf die Bühne zu heben.

B. V. und 15 weitere Unterschriften

den 30. 11. 1989

Sehr geehrter Herr Ministerpräsident!
Mit Bestürzung habe ich die Nachricht zur Kenntnis nehmen müssen, daß Wolf Biermann die Einreise in die DDR gestattet wurde. Ich protestiere auf's schärfste dagegen und ich bin sicher, daß viele DDR-Bürger meine Meinung teilen. Ob die Ausbürgerung gerechtfertigt war oder nicht, kann und will ich nicht beurteilen, aber wer in der Öffentlichkeit derartige unverschämte und beleidigende Äußerungen über unseren Staat und seine führenden Repräsentanten von sich gibt, der hat meiner Meinung nach jedes Recht verwirkt, dieses Land noch einmal zu betreten, geschweige denn, hier auch noch aufzutreten. In jedem Land der Welt wäre er dafür zur unerwünschten Person erklärt worden.

Wir sollten nicht den Fehler machen, von einem Extrem ins andere zu fallen.

Mit freundlichen Grüßen
Dr. W., Apotheker

Berlin, den 30. 11. 1989

Sehr geehrter Genosse Minister!
In den Tageszeitungen war heute von Ihrer Einladung an Wolf Biermann zu lesen.

Was alles wird noch getan, um den Wünschen einiger Künstler zu entsprechen?

Ich und mit mir viele Kollegen haben Wolf Biermann oftmals in Sendungen des Westfernsehens erlebt. Solch einen Schmutz, den er über unsere Republik auskippte! Von Kultur in seinen Beziehungen zur DDR war keine Spur. Kann man einen solchen Menschen als Künstler bezeichnen, der auf niedrigstem Niveau derartige Ausfälle gegen die DDR vom Stapel ließ?

Irgendwann hört doch einmal das »Verständnis für Andersdenkende« auf!

Wir protestieren entschieden gegen diese Einladung und die Konzerte, die wohl eher nationalistischen Einheitsbestrebungen Vorschub leisten als zu einem gesunden Vertrauensverhältnis zu führen.

Mit sozialistischem Gruß
Mitarbeiter im Ministerium für
Bildung
U. T. und 4 weitere Unterschriften

Information über zwei telefonische Protesterklärungen von Bürgern nach Bekanntwerden der Einladung von W. Biermann in die DDR, bezugnehmend auf die gestrige Abendausgabe der AK und Interview unseres Ministers.

19.45 Uhr – Mündliche Eingabe des Bürgers C. aus Berlin-Lichtenberg
Inhalt:
Der Biermann, der die ganze Republik verunglimpft hat, ja selbst Krenz als Lump und Verbrecher hingestellt hat, wird jetzt eingeladen.
Ich bin Mitglied der Partei seit 30 Jahren und wenn ich das erlebe, daß dieser Mann einreist, der die ganze Republik schon vorher und auch nach dem neuen Kurs beschimpft hat, dann treten ich sowie meine Tochter und Sohn aus der Partei aus.
Nehmen Sie das zur Kenntnis und leiten Sie das weiter.

22.30 Uhr Anruf und Protesterklärung des Bürgers K. aus Berlin-Marzahn ... aus obengenanntem Anlaß mit der Bemerkung: Wenn das geschieht, trete er sowie seine Frau aus der Partei aus.
Der Bürger, der den Chefdienst verlangte, was

unsererseits verweigert wurde, will morgen, 30. 11. 1989, noch einmal anrufen.

F. d. R. Diensthabender des Ministeriums für Kultur

BIERMANN – NEIN DANKE !
ZUGZWANG – oder im Namen des Volkes?

Werter Herr Kulturminister Keller!
Mit Unverständnis und Zorn haben wir der Tagespresse entnommen, daß der Liedermacher Biermann auf Anregung der Künstlerverbände und schließlich mit Ihrem Einverständnis in die DDR eingeladen wird und er die Möglichkeit des öffentlichen Auftritts und damit der Propagierung seiner schmutzigen, beleidigenden Äußerungen erhält.

Haben Sie vergessen, Herr Minister, in welcher Art und Weise dieser Mensch die fleißige Arbeit vieler unserer Bürger verunglimpft und in den Dreck gezogen hat?

Sind Ihnen die letzten Beschimpfungen gegenüber dem Staatsratsvorsitzenden Krenz nicht bekannt?

Gehört es zur Erneuerung der Demokratie bei uns, Schmutz und Unmoral in unser Land zu holen und öffentlich zu verbreiten?

Auch wir gehören zum Volk und leben in diesem Land – nicht nur Kunst- und Kulturschaffende allein.

Mitarbeiter der Abteilung Kultur des Magistrats von Berlin

Die Proteste gingen weiter, ich mußte mich ihnen stellen. Flankenschutz gegen Angriffe vor allem aus der SED erhielt ich durch das »Neue Deutschland«, das am 1. Dezember schrieb:

»Die Genehmigung für Biermanns Einreise liegt vor. Das ist gut so, entspricht man damit doch der Bitte vieler Künstler in der DDR. Jedoch wird es nicht bei jedem auf Verständnis stoßen. Man erinnert sich daran, daß Biermann auf gröblichste Weise Personen an der Spitze unseres Staates beleidigt hat. Aber: Verbale Entgleisungen eines Mannes, dem Unrecht getan wurde, sind kein hinreichender Grund, ihm die Reise in die DDR zu verweigern. Äußerungen aus persönlicher Verärgerung heraus sind schließlich rücknehmbar – Entscheidungen ebenfalls, wenngleich schwerer.«

Am frühen Nachmittag des 1. Dezember kam Wolf Biermann unmittelbar nach seiner Wiedereinreise in Begleitung seiner Frau und des Schriftstellers Jürgen Fuchs ins Ministerium für Kultur. Sein Gesicht war eine eigentümliche Mischung von Trauer und Schmerz, von Hoffnung und Freundlichkeit. Ich glaube, wir hatten ein gutes Gespräch. Später schickte er dazu einen freundlichen Gruß.

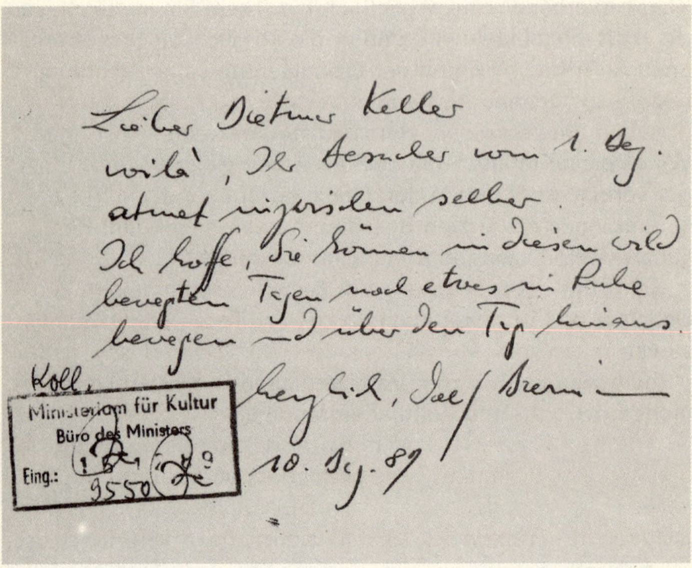
Lieber Dietmar Keller
voilà, Ihr Besucher vom 1. Dez.
atmet inzwischen selber.
Ich hoffe, Sie können in diesen wild
bewegten Tagen noch etwas in Ruhe
bewegen – und über den Tag hinaus.
herzlich, Ihr Wolf Biermann
10. Dez. 89

Koll.
Ministerium für Kultur
Büro des Ministers
Eing.: 12. 12. 89
9550

Zum Gespräch gab es die übliche internationale Pressekonferenz.

»Neues Deutschland« vom 2. 12. 1989:

»Nach einer knappen Stunde stellten sich dann Dr. Keller, Wolf Biermann und der damals ebenfalls ausgebürgerte Schriftsteller Jürgen Fuchs dem Blitzlichtgewitter der Fotografen.

Dann absolute Ruhe für die Statements. Die Koalitionsregierung Modrow sei für die geistige Erneuerung im Lande angetreten, so der Minister. ›Dazu gehört auch, daß wir Walter Janka eingeladen haben, daß Manfred Krug hier gewesen ist, daß Wolf Biermann und Jürgen Fuchs jetzt hier sind.‹

Minister Keller betonte, er habe Biermann gesagt, daß die Regierung der DDR der felsenfesten Überzeugung sei, daß Meinungsverschiedenheiten nicht juristisch entschieden werden könnten, noch daß darauf mit Verboten oder einer Ausbürgerung zu reagieren sei. ›Die Ausbürgerung war ein Fehler‹, erklärte Dr. Keller. ›Wir, als diejenigen, die jetzt die Verantwortung haben, bekennen uns dazu, daß das in diesem Land nicht wieder vorkommen wird.‹ Die Entscheidung für die Biermann-Konzerte habe nicht nur Beifall, sondern auch Ablehnung gefunden. ›Wir sind in manchen Fragen offensichtlich immer noch nicht konfliktfähig genug.‹

In der von Biermann gewohnten deftig-bildhaften, nicht immer feinen und fairen Sprache antwortete Biermann auf die entsprechende Frage von Journalisten, ob er dem Minister glaube. ›Ja, da ich es mit einem Menschen zu tun habe und nicht mit einem berufsmäßigen Schweinehund. Natürlich kann man enttäuscht werden durch die Wirklichkeit‹, aber er habe im Moment überhaupt keinen Grund, daran zu zweifeln, zumal ja ... Taten folgten. Dazu gehöre die Tatsache, daß er und sein Freund Jürgen Fuchs hier seien. ›Ich kann es kaum abwarten, mich wieder in meinem Land zu tummeln und mich dem Leben hier auszusetzen, und auch meinen Leuten in der DDR zu zeigen, was ich in den letzten 13 Jahren im Westen gemacht habe.‹«

»Kölner Stadtanzeiger« vom 2./3. 12. 1989

»... Er kann sich sogar vorstellen, wieder in die DDR zurückzusiedeln: ›Dafür reicht meine Phantasie aus.‹ ... Am Nachmittag übergab er DDR-Kulturminister Dietmar Keller einen Forderungskatalog und Namen von 77 ausgebürgerten Autoren. ›Ich will nicht über mich sprechen, sondern über meine Kollegen, die halb geflohen, halb hinausgeworfen in den Westen geraten sind‹, erklärte Biermann. Sie müßten genauso das Recht besitzen, die DDR zu besuchen ...«

Am Abend dieses 1. Dezember fand vor 5000 Besuchern in der Leipziger Messehalle 2 das erste öffentliche Konzert Wolf Biermanns in der DDR nach einem Vierteljahrhundert statt. Mit einem Beifallsorkan empfangen, begrüßte der Poet und Sänger sein Publikum:

»Ich bin sehr froh und sehr aufgeregt. 25 Jahre wurde ich verboten, und ich werde nie vergessen, wem ich das zu verdanken habe. Ich werde aber auch nicht vergessen, wem ich zu verdanken habe, daß ich heute singen kann – euch!«

Und an anderer Stelle des Konzertes: »Die Bundesrepublik ist auch nicht die Lösung des Menschheitsproblems, vor dem wir alle stehen ... Ich bin nicht froh über diese ›Deutschland, Deutschland über alles‹-Stimmung. Wir wären schön dumm, ihr wäret schön dumm, wenn ihr rückwärts laufen würdet ins alte Reich à la Kohl.«

(Aus einem Mitschnitt von Jugendradio DT 64.)

Noch bekam er dafür starken Beifall.

Am Abend des 2. Dezember Konzert und Gespräch im Berliner »Haus der Jungen Talente«. Auch darüber berichteten die Medien ausführlich.

»National-Zeitung« vom 5. 12. 1989:

»Eigenstaatlichkeit oder nicht?

Biermann und andere ›Ehemalige‹ diskutierten mit DDR-Kollegen und Politikern.

Schwer zu beschreiben, was da alles durch den Kopf ging, als am Wochenende im Berliner Haus der Jungen Talente das große Medienspektakel mit ehemaligen DDR-Künstlern über die Bühne ging. Da traten sie auf und spielten gut bekannte alte und auch ganz neue Lieder: Bettina Wegener, einst neben Barbara Thalheim bedeutendste DDR-Liedermacherin, dann von 1973 an wegen mißliebiger politischer Äußerungen mit Auftrittsverbot belegt, 1983 schließlich nach

Westberlin übergesiedelt. Ihr bin ich ein paarmal in Kirchen nachgereist, nur dort hatte sie singen dürfen.

Gerulf Pannach, Liedermacher auch er und neben Kurt Demmler Texter von Renft, der legendären ersten politischen DDR-Rockband, dessen sarkastische Auseinandersetzung mit der Parole ›Überholen ohne einzuholen‹ ihm 1973 ebenfalls den Vorwurf der Staatsfeindlichkeit einbrachte. Einige Jahre später trat er den Weg in den Westen direkt aus dem Gefängnis an. Eine Erfahrung, die Jahre später ebenso Stefan Krawczyk machen mußte, dessen Rausschmiß noch frisch in Erinnerung ist.

Und schließlich Wolf Biermann. Seine Ausbürgerung im Jahre 1976 hatte zu einem riesigen künstlerischen Aderlaß geführt. Die Repressionen gegen ihn und all jene, die gegen die Ausbürgerung protestierten, führten dazu, daß in den Folgejahren zahlreiche Schriftsteller, Filmemacher, Schauspieler, Musiker und Liedermacher unserem Land den Rücken kehrten. Ihre Kreativität, ihre Auseinandersetzung mit Geschichte, Gegenwart und Zukunft, ihr Widerspruchsgeist haben uns all die Jahre bitter gefehlt – auch wenn wir's nicht bemerkten oder bemerken wollten.

Nun standen sie also auf der Bühne, mit ihnen Kollegen, die dieses Treffen initiiert hatten: Matthias Görnandt, Vorsitzender der Sektion Lied und Kleinkunst, die die Einladung ausgesprochen und an den Kulturminister ... herangetragen hatte, Steffen Mensching und Hans-Eckardt Wenzel, Barbara Thalheim, Jürgen Eger, Gerhard Schöne. Außerdem trat Eva-Maria Hagen auf, ...

... In der anschließenden Diskussion vor und mit dem Publikum bezeichnete Minister Keller die Tatsache, daß er zwischen Biermann und Pfarrer Friedrich Schorlemmer saß, als Symbol: Nur im Zusammengehen aller demokratischen und erneuerungswilligen Kräfte gebe es eine Chance auf Zukunft für die DDR. Im Mittelpunkt der Diskussion stand die deutsche Frage: Vereinigung oder Eigenstaatlichkeit der DDR? Wolf Biermann sprach sich nachdrücklich für die Existenz zweier deutscher Staaten aus, die den friedlichen Wettstreit versuchen. Pfarrer Rainer Eppelmann hielt entgegen, daß in der DDR ein 45 Jahre lang währender Versuch gescheitert sei. Er wisse keinen Weg, wie den Bürgern nun Lust zu machen sei für die sozialistische Alternative.

Viele Gründe für das Fortbestehen der DDR sah Rechtsanwalt Gregor Gysi. Er nannte die notwendige Aufarbeitung der Geschichte unseres Landes, die Möglichkeit einer Alternative zur kapitalistischen BRD, sowie den Fakt, daß wir vor einer historischen Chance stehen, die in der Geschichte nur selten gewährt wird. Hans-Eckardt Wenzel meinte, daß es für die Linke in Ost und West fast unmöglich sei, für eine Einheit der deutschen Nation zu sein, aufgrund der schlimmen Erfahrungen, die andere mit Deutschland haben machen müssen ...

... Vieles in der Diskussion angesprochen, Gegensätzliches angedeutet, kaum wirklich für und wider diskutiert. Wir haben wohl noch einigen Riesennachholebedarf bei der Ausübung der Demokratie. Dazu gehört sowohl, daß man einander ausreden läßt – ich weiß: Zwischenrufe gehören im Bundestag dazu, aber vielleicht muß man auch nicht alles übernehmen – als auch, daß auf Gesagtes reagiert wird. Noch immer machten viele Äußerungen den Eindruck von Statements, die sich kaum aufeinander bezogen. Sowohl Stefan Krawczyks als auch Steffen Menschings Meinungsäußerung, daß wir uns mit unserer deutschen Problematik nicht als Nabel der Welt betrachten sollen, blieben leider undiskutiert.

Dabei hatte Mensching meiner Ansicht nach den Finger genau auf dem wunden Punkt: Wenn wir lediglich das Rennen um die höchstmöglichen Konsummöglichkeiten aufnehmen wollen, dann wäre die Angliederung an die BRD die schnellste Lösung. Sozialistische Alternative dagegen kann nur heißen, daß wir auch andere Werte einbeziehen, daß wir beispielsweise die existentiellen Probleme der dritten Welt nicht vergessen.«

Wolf Biermann war also wieder zu Hause. Ihm folgten bald viele Künstlerinnen und Künstler, die in Schmerz und Trauer, in Wut und mit Zorn die DDR verlassen hatten, die einen Weg für sich gewählt hatten, der für andere, die »Hiergebliebenen«, aus den unterschiedlichsten Gründen nicht zur Diskussion stand. Beide Seiten haben auf unterschiedliche Weise ihren Beitrag für die Vereinigung beider deutscher Staaten geleistet, auch wenn das in diesen Monaten sehr unterschiedlich gesehen und interpretiert wird. So oder so, beide Seiten haben Lebenszeit verloren. Bücher und Lieder, Theaterstücke und Filme, Bilder und Kompositionen blieben auf der Strecke. Der Preis für die deutsche Einheit ist viel älter als manche denken, und er ist immer noch nicht bezahlt.

VI. Nekrolog: Und kein Ende?

Hatte kritische Literatur und Kunst in der Geschichte der DDR überhaupt eine historische Chance? Die Antwort kann nicht voreilig ja oder nein heißen. Die Antwort ist vielfältiger Natur und bedarf noch einer genaueren Untersuchung. Deutlich ist eine Spur: das »Formalismus«-Plenum des ZK der SED 1951, die Einsetzung einer »Staatlichen Kommission für Kunstangelegenheiten« im gleichen Jahr, organisierte öffentliche Unmutsäußerungen während der Aufführung »Das Verhör des Lukullus« von Bertolt Brecht und Paul Dessau in der Staatsoper, die Auseinandersetzungen um den Operntext »Johann Faustus« von Hanns Eisler 1952, die öffentliche Verurteilung von Hanns Mayer und Ernst Bloch auf einer SED-Kulturkonferenz 1956, die Prozesse gegen Walter Janka, Wolfgang Harich und andere im gleichen Jahr, das 11. Plenum im Dezember 1965, die Verbote des »Sputnik« und der Aufführungen der sowjetischen Filme 1988. Diese Spur weist Hunderte von Markierungen auf. Am Beginn dieser Spur steht ein Satz des ersten Ministerpräsidenten Otto Grotewohl bei der Konstituierung der »Staatlichen Kommission für Kunstangelegenheiten« im August 1951, der Inhalt und Wesen von Kulturpolitik in der Geschichte der DDR auf den Kern brachte:

»Literatur und bildende Künste sind der Politik untergeordnet, aber es ist klar, daß sie einen starken Einfluß auf die Politik ausüben. Die Idee in der Kunst muß der Marschrichtung des politischen Kampfes folgen. Denn nur auf der Ebene der Politik können die Bedürfnisse der werktätigen Menschen richtig erkannt und erfüllt werden. Was sich in der Politik als richtig erweist, ist es auch unbedingt in der Kunst.«
(»Neues Deutschland« vom 2. 9. 1951)

Welch ein verhängnisvoller Irrtum, welch katastrophale Fehleinschätzung der Funktion und des Wirkens von Literatur und Kunst.

Mit dieser falschen politischen Konzeption war die ständige Auseinandersetzung mit der künstlerischen Intelligenz vorprogrammiert.

Kritische Literatur und Kunst hatte in der DDR eine nur sehr beschränkte Chance. Und ein Mann wie Wolf Biermann, dessen Lebenskonzept Ungehorsamkeit ist, hätte nur eine Chance gehabt, wenn er sein Lebenskonzept aufgegeben hätte. Im übrigen hatten auch Politiker der anderen deutschen Republik ihre Schwierigkeiten mit Literatur und Kunst. 1964 hatte der Bundeskanzler Ludwig Erhard den Essay von Rolf Hochhuth »Der Klassenkampf ist nicht zu Ende« zum Anlaß seiner berüchtigten Beschimpfung von Dichtern der Bundesrepublik als »Pinscher«, »Banausen« und »Nichtskönner« genommen:

»Ich habe keine Lust, mich mit Herrn Hochhuth zu unterhalten über Wirtschafts- und Sozialpolitik. Ich meine, das ist alles dummes Zeug. Die sprechen von Dingen, von denen sie von Tuten und Blasen keine Ahnung haben. Sie begeben sich auf die Ebene eines kleinen Parteifunktionärs und wollen doch mit dem hohen Grad eines Dichters ernst genommen werden. Nein, so haben wir nicht gewettet. Da hört der Dichter auf, da fängt der ganz kleine Pinscher an.«
(Zitiert nach: Ursula Reinhold, Literatur und Klassenkampf. Berlin, 1976)

Mit Blick auf Heinrich Böll, Günter Grass, Rolf Hochhuth, Uwe Johnson, Martin Walser u. a. legte der Kanzler im Juli 1965 noch einen drauf:

»Ich muß diese Dichter nennen, was sie sind: Banausen und Nichtskönner, die über Dinge urteilen, von denen sie einfach nichts verstehen ... Es gibt einen gewissen Intellektualismus, der in Idiotie umschlägt ... alles, was sie sagen, ist dummes Zeug.«
(»Der Spiegel«, Nr. 30/1965)

Wie sich die Bilder gleichen.

Wolf Biermann hat den Zusammenbruch der DDR mit Aufmerksamkeit verfolgt und vielseitig kommentiert:

»Dies hier ist mein Land, ob ich es gut finde oder nicht. Natürlich bin ich gekommen, um mich einzumischen. Egal ist es mir nicht, was in der DDR passiert, aber der Geschichtsprozeß hat eine andere Gewalt als die Lieder von Wolf Biermann.«

»Berliner Allgemeine«, 20. 2. 1990)

»Nun hat die Wirklichkeit unseren Traum ausgebrütet. Aber aus den Eierschalen kriechen andere Tiere, als ich mir träumen ließ – mehr Krokodile als Nachtigallen ... Trotz alledem, wen wundert's, bin ich immer noch meiner Meinung. Ich kann den Traum von einer gerechteren Gesellschaft in mir nicht auslöschen. Dieser Traum ist älter als alles, was sich Kommunismus nannte. Er ist so alt wie die Menschheit und wurde immer wieder getötet, weil er immer wieder auferstand.«

(»Die Zeit«, Nr. 10 v. 2. 3. 1990)

Am 22./23. Juni 1991 war in der »Jungen Welt« die Rezension eines Konzertes mit anderen Tönen zu lesen.

Ein Held, und der Rest nur Idioten?

Wolf Biermann im Konzert:
Eine Pose der Peinlichkeit

Wolf Biermann war in der DDR so etwas wie eine Legende, ein Hoffnungsträger für viele, die seine Kassettenmitschnitte heimlich weitergaben, ein Poet mit Zivilcourage. Erinnerungen.

Aber wir schreiben das Jahr 1991. »Nur wer sich ändert, bleibt sich treu« hatte er sein Konzert im Schillertheater in Westberlin überschrieben. Klar, Biermann ist älter geworden. Dachte ich. Doch auf die Bühne kam ein gealterter Mann in Heldenpose, der in seiner Selbstgerechtigkeit und Überhebung kaum zu übertreffen sein dürfte. Noch nie habe ich jemanden gesehen, bei dem die Schere zwischen großartiger Lied-Kunst und arroganter Herabwürdigung (vor allem seiner Herkunft) so eklatant klaffte. »Ich kann das Gejammer der

Leute im Osten über die schlechten Verhältnisse jetzt nicht mehr hören. Ich gönne denen das ja so ...« »Das sind alles Feiglinge ... die Schriftsteller drüben haben mehr Angst vor der Marktwirtschaft als früher vor der Stasi.« Der Feigling also bin ich, und mit mir 16 Millionen Einwohner der Ex-DDR. Die Hierbleiber, also auch jene, die versuchten, in diesem Staate Demokratie einzuklagen. Es ist bitter, solches aus dem Munde eines Mannes zu hören, der mit demselben Mund »So oder so, die Erde wird rot« sang, ein Lied, das genau diese Sehnsucht nach mehr Klarheit, nach Veränderung formulierte. Oder wie jetzt das Barlach-Lied: »Vom Himmel auf die Erde falln sich die Engel tot.« Jedes Wort trifft den Kern auf unnachahmliche Weise.

Biermann hat allen Grund, den verschiedenen Regierungen in der DDR gram zu sein. Man hat ihm übel mitgespielt. Wut, Haß und Eitelkeit sind ihm geblieben. Aber hat er deshalb das Recht, ein Volk zu Idioten zu stempeln?

»Früher war die Mauer vier Meter hoch. An dieser Stelle wird jetzt zwischen Ost und West ein Graben ausgehoben«, sagte er im Konzert. Und gräbt mit. Irgendwann dachte ich: »Ach, laß ihn doch quatschen!«

Wird der ostdeutsche Volksheld nach der Vereinigung der beiden deutschen Staaten nun von seinen eigenen Fans beerdigt? Oder braucht er gar die Beerdigung für seine Wiederauferstehung? Biermann und kein Ende??

Biographisches

Wolf Biermann wurde am 15. November 1936 in Hamburg geboren. Sein Vater, Kommunist, Jude, als Schirrmeister auf einer Hamburger Werft beschäftigt, wirkte nach 1933 im antifaschistischen Widerstand. Er wurde verhaftet und 1943 im Konzentrationslager Auschwitz ermordet. Seine Mutter, Maschinenstrickerin, Kommunistin, gleichfalls im Widerstand gegen den deutschen Faschismus.

Nach dem Krieg organisierte sich Wolf Biermann bei den »Jungen Pionieren« und nahm 1951 an den III. Weltfestspielen in Berlin als Leiter einer Pionierbrigade teil.

Bis 1953 besuchte er in Hamburg das Heinrich-Hertz-Gymnasium als eines der wenigen Arbeiterkinder. Seinen Schulabschluß legte er nach seiner Übersiedlung in die DDR in Gadebusch ab.

An der Humboldt-Universität zu Berlin studierte er von 1955 bis 1963 mit Unterbrechungen Politische Ökonomie sowie Philosophie und Mathematik, dazwischen 1957 bis 1959 Assistent am Berliner Ensemble. Hanns Eisler förderte ihn. Seit 1960 befaßte er sich mit dem Komponieren. Frühe Gedichte wurden in Zeitungen veröffentlicht und erschienen in Anthologien wie »Liebesgedichte« (1962) bzw. »Sonnenpferde und Astronauten« (1964).

Gemeinsam mit Freunden wurde 1961/62 aus einem alten Hinterhofkino das »Berliner Arbeiter- und Studententheater« (b.a.t.) gestaltet, das damals jedoch nicht eröffnet werden durfte.

Bis zum Juni 1963 währte ein erstes Auftrittsverbot. Im gleichen Jahr wurde er aus der SED ausgeschlossen.

1964 wirkte er als Gast in der »Distel« in Berlin mit und unternahm eine Konzertreise in die BRD. In Westberlin war er Gast in Wolfgang Neuss' »Asyl«.

Die Veröffentlichung des Gedichtbandes »Die Drahtharfe« im Westberliner Wagenbach-Verlag führte im Ergebnis des 11. Plenums des ZK der SED, Dezember 1965, zu Auftritts-, Publikations- und Reiseverbot.

Im September 1976 wird erstmals wieder ein öffentlicher Auftritt in einer Kirche in Prenzlau toleriert. Die Teilnahme an einer BRD-Tournee im November auf Einladung der IG Metall wurde bewilligt. In der Reaktion auf das am 13. November in Köln stattgefundene Konzert wurde er am 17. November ausgebürgert.

Im März 1977 übersiedelten seine Frau und sein Sohn legal in die BRD. Im April 1982 konnte er einmalig seinen kurz darauf verstorbenen Freund Prof. Robert Havemann in der DDR besuchen.

Am 1. Dezember 1989 erstes Konzert nach 13 Jahren in Leipzig.

Offizielle Entschuldigung der DDR-Regierung für das an ihm begangene Unrecht.

Inhalt